NATURALISMO

IVAN JAF

Aluísio Azevedo e *O CORTIÇO*

Ilustrações
Leandro Robles

2019

OBRA-PRIMA
coleção

Editora Saraiva

Aluísio Azevedo e *O cortiço*

Direção Presidência	Mário Ghio Júnior
Gerência editorial	Cintia Sulzer
Coordenação editorial	Fabio Weintraub
Edição	Laura Vecchioli
Suplemento de leitura e projeto de trabalho interdisciplinar	Chantal Castelli
Planejamento e controle de produção	Patrícia Eiras Adjane Queiroz
Arte	Daniela Amaral (ger.) Erika Tiemi Yamauchi Asato (coord.)
Projeto gráfico e diagramação	Nathalia Laia
Revisão	Hélia de Jesus Gonsaga (ger.) Kátia Scaff Marques (coord.) Rosângela Muricy (coord.) Brenda T. M. Morais Daniela Lima Gabriela M. Andrade Heloísa Schiavo Hires Heglan Patrícia Travanca Paula T. de Jesus Sandra Fernandez Vanessa P. Santos Amanda T. Silva e Bárbara de M. Genereze (estagiárias)
Coordenação comercial	Carolina Tresolavy
Iconografia e tratamento de imagem	Sílvio Kligin (ger.) Fernanda Crevin

Dados Internacionais de Catalogação na Publicação (CIP)

Jaf, Ivan, 1957-
Aluísio Azevedo e O cortiço / Ivan Jaf ; ilustrações Leandro Robles. – 1. ed. – São Paulo : Saraiva, 2019.
(Obra-prima coleção)

ISBN: 978-85-472-3719-6

1. Romance brasileiro. I. Robles, Leandro (ilustrador). II. Título. III. Série.

2019-0357 CDD: B869.3

Julia do Nascimento – Bibliotecária – CRB-8/010142

CL: 811459
CAE: 654575

2025
1ª edição
7ª impressão
Impressão e acabamento: Vox Gráfica / op 286336

Direitos desta edição cedidos à Saraiva Educação S.A., 2019
Avenida das Nações Unidas, 7221
Pinheiros — São Paulo — SP — CEP 05425-902
Atendimento ao cliente: 4003-3061 | atendimento@aticascipione.com.br
Conheça nosso portal de literatura Coletivo Leitor:
www.coletivoleitor.com.br

Aluísio Azevedo é no Brasil talvez o único escritor que ganha o pão exclusivamente à custa da sua pena, mas note-se que apenas ganha o pão: as letras no Brasil ainda não dão para a manteiga.

Valentim Magalhães

1
capítulo

1886. Rio de Janeiro, Capital Federal. Seis horas da manhã. Aluísio Azevedo levantou da cama, lavou o rosto na bacia, enxugou-se na toalha encardida e se preparou para mais um dia de trabalho. Estava escrevendo um romance. *O homem*. Sentou-se à mesa, molhou a pena no tinteiro...

Não. Não conseguia se concentrar. Os pensamentos dispersos. Melhor trabalhar em algo mais leve. Escrever bobagens. Atender aos pedidos dos amigos. Uma quadra rimada em louvor das máquinas de costura.

Não tinha dinheiro nem para o aluguel daquele quarto miserável e úmido onde morava, ao lado do Corpo de Bombeiros, nos fundos do Campo de Santana. O português, dono da casa de cômodos, ameaçava pô-lo na rua e apreender seus poucos móveis se não pagasse os meses atrasados.

Lugar sórdido, sujo, abafado, principalmente no calor insuportável de um verão abrasador como aquele. Seus vizinhos de quarto também eram pobres. Estudantes, carteiros, repórteres de jornais falidos, operários de todas as profissões, figurantes de teatro, cantores de igreja, costureiras sem oficina, cigarreiros sem fábrica, barbeiros sem barbearia, tipógrafos, limpa-trilhos de bondes... Sem falar naquele poeta tísico, desempregado, sem mesada nem mobília, carregado apenas de sonhos, vivendo da desgraça e da glória do dom de fazer versos, olhos fixos no ideal, sem enxergar a realidade.

Se alguém andasse por aqueles corredores sombrios e rançosos, espiando por janelas e portas abertas, veria o pobre homem fazendo charutos, a mulher curvada costurando camisas, o artista desenhando um cartaz de elixir expectorante, o ator decorando uma comédia, o rapaz macérrimo escrevendo um soneto, o velho consertando relógios, o estudante às voltas com uma caveira, o fotógrafo preparando clichês... Velhos decadentes e jovens idealistas, numa mistura de pessoas que já foram alguma coisa com outras que ainda não eram nada.

Se naquela manhã alguém espiasse por sua janela aberta, veria um pobre escritor atormentado, descabelado, debruçado sobre sua mesa, espremendo frases do cérebro. E à custa de nada!

Perder toda uma manhã a escrever de graça! Mas como recusar? Também devia favores. E todos queriam *tão pouco...*

— Duas palavrinhas apenas.

A promessa de vinte, trinta artigos, destinados aos fins mais diversos e mais desencontrados.

— Uma simples carta de amor.

— Um versinho para meu filho.

— Uma notícia sobre o acidente.

— Um anúncio que chame a atenção do público para este queijo. Ah, e também para aquele chapéu.

— Um discurso que tenho de pronunciar no aniversário do meu sócio.

— Uma introdução para o livro de um amigo nosso.

— Um artigo, sobre qualquer coisa, para tapar um buraco na página do meu jornal. Você não pode recusar!

Faziam Aluísio até perder o gosto de sair de casa e encontrar os amigos. Os pedidos iam se acumulando. E as cobranças.

— E então? E aquilo?

— Aposto que ainda não escreveu.

— Trouxe o artigo que me prometeu?

Preparou um café forte e o bebeu apoiado na janela da cozinha da casa de cômodos, olhando o matagal selvagem que tomava o quintal dos fundos e amaldiçoando as horas perdidas a trabalhar de graça.

Conformou-se. Voltou ao quarto, sentou novamente diante das folhas em branco, molhou a pena no tinteiro e recomeçou.

2
capítulo

11 h 30. Já escrevera uma quadra rimada enaltecendo empadas, um artigo sobre o perigo de quebrar a cabeça ao descer de um bonde andando, esboçara um cenário para a próxima peça de seu irmão Artur, congratulara um senador pelo seu natalício, redigira uma crítica ligeira sobre o livro de poesias de um amigo e elogiara o sabor de um queijo e as qualidades de um xarope.

Com a cabeça quente, foi à cozinha preparar mais um café forte. Voltou com a caneca ao quarto e puxou uma cadeira para perto da janela que dava para o pátio da entrada. Pouco depois viu o largo portão de ferro da rua se abrir e Coelho Neto entrar na casa de cômodos.

Era o jovem que conheceu duas noites atrás, na rua do Ouvidor. Pretendia ser escritor, coitado. Vinha da mesma província que Aluísio, o Maranhão, tentar conquistar a Corte com sua pena. Como Aluísio. Como tantos.

A família queria que Coelho Neto cursasse Direito em São Paulo, mas ele "não podia com aquilo, era um pesadelo, tinha horror ao Direito".

Literato mesmo. Um caso perdido. Chegava com a cabeça no Oriente de *As mil e uma noites*, na Grécia com seus deuses e heróis, na Índia com seus mistérios, mas com os bolsos vazios, sem mesada nem cartas de recomendação.

O engraçado é que veio para o Rio de Janeiro seguindo os passos de seu ídolo, o conterrâneo que "conquistara um lugar entre os grandes da literatura": Aluísio Azevedo.

Aluísio lembrou-se de ter dado o endereço ao rapaz na noitada da rua do Ouvidor, quando este pedira para "conhecer o escritório do famoso escritor maranhense". E ali estava Coelho Neto: gravatinha-borboleta, bengala, chapéu, bigodinho bem aparado e o minúsculo pincenê, como uma borboleta de asas transparentes pousada na ponta do nariz.

Trazia a expressão do fiel que entra na igreja, mas estranha o estado miserável dela.

Certamente esperava o retiro maravilhoso de um grande escritor, sua oficina sagrada... tapetes, bronzes, mosaicos de madeira, lagos com ninfas nuas, telas de artistas célebres nas paredes, mármores, mesas manuelinas, castiçais de prata, bustos de Balzac, Victor Hugo e Stendhal. Mas a cada passo mais se desiludia.

Parou no pátio ladrilhado e olhou em volta, descrente. Tinha errado o endereço. Só podia ser isso.

Aluísio lembrou que estava desgrenhado e com um bafo nojento de café. Voltou à bacia, amansou a cabeleira e lavou a boca, com força. E foi assim que o jovem escritor maranhense reviu seu ídolo, lá da janela: calças de brim, camisa aberta no peito, chinelos, cuspindo babas asquerosas, as mãos chapinhando na água como um pardal na poça.

— Bom dia!

— Entre, meu amigo — convidou Aluísio, abrindo a porta. — Como vai?

No centro do quarto, a mesa coberta de livros e papéis. Junto à parede, duas estantes de ferro também transbordando de livros. Ao fundo, uma triste cama de solteiro. Três cadeiras.

Sentaram-se.

Constrangido, Coelho Neto desatou a falar sobre a terra natal deles, o saudoso Maranhão... São Luís, a "Atenas brasileira", seus escritores, a glória nacional que representava Gonçalves Dias, o grande mestre Sotero dos Reis, o revolucionário advogado Celso Magalhães, o próprio Aluísio e seu irmão Artur, o grande homem de teatro. E emendou as saudades com seus planos literários, e desfiou seus cânones, e pôs-se a discorrer sobre os clássicos, e citou Homero, Hesíodo, Xenofonte.

Aluísio Azevedo se manteve calado, olhando o infinito.

3 capítulo

Jovens artistas vindos das províncias não paravam de chegar para "conquistar a Capital", atraídos pela vida intelectual e boêmia, teatros, jornais, cafés, livrarias e a famosa rua do Ouvidor.

Leitores dos poetas românticos europeus, Byron, Baudelaire, Lamartine... queriam viver intensamente, como eles, fugir desesperadamente do marasmo e obscurantismo das cidades pequenas, gozar aventuras, conviver com artistas.

Há dez anos, em 1876, Aluísio Azevedo desembarcou no Rio de Janeiro com as mesmas ilusões que Coelho Neto. Veio também sem cartas de apresentação para grandes negociantes ou políticos influentes, mas seu irmão Artur Azevedo o esperava no cais.

Artur já morava na Corte havia dois anos, empregado como amanuense, além de traduzir folhetins franceses para o jornal *A Reforma* e fazer carreira como dramaturgo e jornalista.

Aluísio queria ser pintor. Inscreveu-se na Academia Imperial de Belas Artes. Foi morar com dois amigos numa pensão barata do bairro de Santa Teresa. A situação apertou. Trabalhou como gerente de hotel, deu aulas de desenho e gramática da língua portuguesa e fez retratos.

O irmão o apresentou a intelectuais, escritores, atores, jornalistas, pintores, cenógrafos, músicos, políticos... Aluísio mergulhou nas novas ideias que já o empolgavam na província. Com Teixeira Mendes e Lopes Trovão, aprofundou seus conhecimentos sobre o Positivismo e os ideais republicanos. José do Patrocínio o fez acreditar na abolição da escravidão no Brasil.

A Capital Federal o fascinou. A rua do Ouvidor, o Passeio Público, os teatros, as cocotes. A liberdade de expressão. A quantidade de jornais e revistas. *O Mequetrefe, O Fígaro, Revista Ilustrada, Semana Ilustrada, O Mosquito, O Ganganelli, O Diabrete, Psit!!!, O Zig-Zag, O Besouro, A Comédia Popular...*

todos republicanos e abolicionistas, atacando violentamente capitalistas, latifundiários, aristocratas, políticos, a Igreja católica e o imperador dom Pedro II.

Aluísio começou a publicar caricaturas e escrever crônicas. Fez desenhos de propaganda para o teatro e o comércio.

Foi reconhecido como caricaturista. Atacou a monarquia, a Igreja corrupta, o imperador, os credores ingleses. Ilustrou a luta entre os partidos Conservador e Liberal como um duelo de ratos. Estampou Jesus crucificado, representando o povo brasileiro, sendo espetado com uma lança pelo general Caxias enquanto o imperador e um padre jogavam dados tranquilamente. Ilustrou uma prostituta como a alegoria da Política e uma mulher em prantos como a da Pátria. Desenhou dom Pedro II, a cavalo, pisoteando o povo acorrentado. O chefe do Partido Conservador, como um boi de presépio. O povo, como um asno.

Nas crônicas, denunciou a escravidão, a vida miserável nos cortiços, a febre amarela, o desvio dos fundos para as secas no Nordeste, a opulência imoral do clero, a hipocrisia das práticas religiosas, o fanatismo, pregou a filosofia positivista, a ciência, o progresso, a higiene.

O Positivismo influenciou seus ideais literários. Passou para o lado do Realismo, contra o Romantismo. Eça de Queirós era seu modelo. Empolgou-se com *O crime do padre Amaro*. Acompanhou os jornais de Lisboa em que Eça de Queirós e Ramalho Ortigão difundiam as ideias realistas e contra-atacavam a reação furiosa dos românticos, que os taxaram de fisiológicos, imorais e pornográficos.

Era preciso combater a imaginação e o subjetivismo romântico com uma linguagem objetiva e impessoal, que refletisse a *realidade*.

Para Flaubert o escritor devia ter um estilo tão impessoal que desse a impressão de nem existir.

O estilo devia ser apenas a tradução mais clara possível da vida que palpitava ao redor. A realidade tinha de ser abordada de forma *racional*, e não com fantasias.

Stendhal, para se inspirar, lia todas as manhãs algumas páginas do Código Civil francês.

O lançamento no Brasil de *O primo Basílio*, de Eça de Queirós, caiu como uma bomba no meio literário, dividiu opiniões de modo extremado, acirrou ânimos.

Realistas aqui já eram Franklin Távora, com *O Cabeleira* e *O matuto*; Inglês de Sousa, com *O cacaulista* e *O coronel Sangrado*; e José do Patrocínio, com *Motta Coqueiro ou A pena de morte*. Era assim que Aluísio queria escrever.

Endossou as críticas a José de Alencar. A imaginação romântica devia ser banida da literatura. Não se podia recriar a natureza trancado em escritórios, era preciso ir a campo, investigar a realidade como um cientista, partir da experiência *direta*, do contato com o ambiente e com os homens.

Publicou caricaturas satirizando os românticos. Desenhou cenários para peças realistas que os românticos consideravam "provocações" e conseguiam retirar de cartaz.

O nome do escritor francês Émile Zola começava a circular, tomando o lugar de Flaubert como referência para os realistas. Zola ia *além* do Realismo. Representava um Realismo muito mais radical, defendendo o uso do método científico na literatura. Trazia conceitos como experimentação, determinismo e hereditariedade para analisar a conduta de seus personagens, e não a virtude ou o amor romântico.

No Realismo a conduta dos personagens ainda se originava dos dilemas morais, da paixão, da ética, da religião. No Naturalismo de Zola tudo era uma questão de herança biológica, ambiente social e momento histórico.

Aluísio apaixonou-se por Zola e pelo Naturalismo. Participou de debates acalorados nos cafés da rua do Ouvidor. Sentia-se no olho do furacão. Era no Rio de Janeiro, a Capital Federal, que as coisas estavam *acontecendo*!

Tudo isso teve um fim súbito.

No dia 8 de agosto de 1878 seu pai morreu em São Luís do Maranhão.

Artur tinha emprego público e família.

Aluísio precisou voltar à província para cuidar da mãe e dos irmãos menores.

4
capítulo

O pai de Aluísio morreu com 62 anos. Era um português chamado David Gonçalves de Azevedo. Estava havia quarenta anos em São Luís do Maranhão. Chegou a vice-cônsul de Portugal. Um cargo importante, mas o salário era baixo e ele levou da vida a mágoa de nunca o nomearem cônsul.

A mãe de Aluísio, Emília Amália, tinha um passado trágico. Chegou de Lisboa aos 15 anos, com um casamento arranjado para consolidar sociedades comerciais e aumentar fortunas, dotes e heranças. O noivo era um negociante rico, mas totalmente bronco e bruto, do qual ela teve pavor imediato. Foi maltratada, ameaçada, castigada e mantida prisioneira. Teve com ele uma filha. Quando o marido chegou a ponto de amancebar-se com uma escrava dentro da própria casa, Emília Amália tomou uma atitude impensável para uma esposa na época, algo que nunca havia sido feito em São Luís: fugiu de casa com a filha.

Escândalo sem precedentes, mau exemplo inconcebível para as esposas, afronta inaceitável aos demais maridos. Uma família corajosa a abrigou numa casa da rua do Sol.

A cidade inteira ficou contra ela. Seria morta pelo marido se saísse à rua, e todos o apoiariam. Ele contratou pistoleiros. Antigas amigas dela lhe mandaram doces envenenados. Emília Amália permaneceu sem sair de casa. Anos. Ele acabou fechando seu comércio e mudando-se para o Rio de Janeiro.

Quinze anos depois, com sua filha já casada, conheceu o pai de Aluísio, um comerciante português. Novo escândalo em São Luís. Como podiam viver juntos como marido e mulher? Ela ainda era legalmente casada! E tinha 35 anos. Uma senhora!

Foram viver numa boa casa, na rua do Sol, 83, esquina com a rua da Mangueira. Tiveram filhos. Artur Azevedo, em 1855; Aluísio, em 1857; depois vieram Américo, Maria Emília e Camila Amália.

David Gonçalves tornou-se vice-cônsul, com um salário de 1000$000, que mal dava para sustentar a família.

O dinheiro era pouco, mas não faltava cultura. Era uma família diferente das outras. Mãe e pai liam muito, tinham uma boa biblioteca, sem falar dos quase cinco mil livros do Gabinete Português de Leitura, criado por David, ao qual os filhos tinham acesso liberado.

Aluísio e os irmãos receberam uma educação muito diferente das outras crianças. Seus pais acreditavam no teatro como *escola*. Desde muito cedo incentivaram os filhos a encenar espetáculos, num teatrinho montado na varanda. Artur escrevia as peças, Aluísio pintava os cenários em lençóis velhos, chamavam as crianças da região para assistir.

O pai construiu um galpão de madeira nos fundos do quintal, para as encenações. Depois a loja de um sobrado perto da casa foi transformada num pequeno teatro, só para eles. Por fim criaram o Teatro Normal, no largo do Carmo, embaixo do Gabinete Português de Leitura.

Aluísio ilustrava os textos do irmão com aquarelas. Artur escreveu sua primeira peça profissional, e sucesso nacional, *Amor por anexins*, aos 15 anos.

Mas precisavam trabalhar. Artur entrou para o comércio aos 15 anos. Aos 18, prestou concurso, passou e foi trabalhar como amanuense no Rio de Janeiro.

Aluísio se empregou como despachante da Alfândega aos 14. Nada de estudos na Europa. Nem faculdade em São Paulo. Mergulhou no dia a dia do comércio, armazéns aduaneiros sujos e sombrios, venda de negros escravizados, papelada alfandegária, exportação de algodão, importação de produtos europeus.

Em lugar de livros, quadros e cenários, viu-se cercado por queijos londrinos, vinhos do Reino, chapéus de Bismarck, perfumes de Gosnell, salsichões d'além-mar, línguas de boi inglesas em conserva, meias da Escócia, colarinhos franceses...

Desenhou caricaturas dos patrões. Toda a cidade riu. Mandaram-no para o olho da rua.

Foi guarda-livros, professor de gramática e aprendeu desenho e pintura com um artista italiano, Domingos Tribuzzi.

Partilhou o ateliê do pintor João Cunha e aceitou encomendas de retratos de defuntos. Estavam na moda.

Os outros retratistas *enfeitavam* os cadáveres: lábios vermelhos, olhos fechados, barbeados, expressões serenas, quase felizes, como se estivessem indo para um baile, e não para o túmulo.

Aluísio não, ele já era naturalista. Não escondia o pavor e a feiura da morte, mostrava-a sem disfarces, nua e crua. Um olho mal fechado e vítreo, a falta de cor da face prenunciando a decomposição, a boca semiaberta mostrando os dentes podres, o ríctus tétrico da máscara mortuária.

Um desses retratos, de um tabelião, ficou tão apavorante, tão verdadeiro, mostrava com tanto naturalismo o horror da morte, que por muito tempo serviu para assustar as crianças rebeldes de São Luís do Maranhão.

O retrato era emprestado, de casa em casa. Assim que uma criança fazia birra, não queria tomar banho, dormir, estudar, parar de brincar, as mães ameaçavam:

— Vem tomar banho, menino! Olha que eu vou pegar o retrato do tabelião.

— Vai dormir, peste, ou o tabelião vai te puxar o pé de noite.

— Sai da chuva, senão o tabelião vem te pegar!

Esse Naturalismo obviamente afastou os clientes.

Em 1876, aos 19 anos, perdido, sem saber que rumo tomar, decidiu ir para o Rio de Janeiro, atrás do irmão Artur.

— Com a breca! — disse a um amigo. — Vou para a Corte! Hei de encontrar ali um furo por onde passe a cabeça.

5
capítulo

Dois anos na Capital Federal.

A morte do pai. Tratar do inventário. Cuidar da mãe e dos irmãos.

Final de 1878. De volta a São Luís. De volta a seu quarto na rua do Sol, 83.

Montou escritório no mirante sobre o telhado, com a pequena sacada de frente.

O Gabinete Português de Leitura à beira da falência, as contribuições secando. A Biblioteca Popular havia fechado. Quem se importava? Eram locais pouco frequentados mesmo. Quem em São Luís ligava para a arte e a literatura?

Como atestou o velho Cunha, aposentado do comércio de retalhos, reclamando da estátua de Gonçalves Dias no largo dos Remédios:

— Para que esbanjar dinheiro com isso se há por aí tanta coisa de necessidade séria de que não se cuida? Para encarapitar aquele grande boneco no topo do imenso canudo de mármore, houve dinheiro. E dinheiro grosso! Todo o povo do Maranhão concorreu. Ao passo que para concluir o trapiche de Campos Melo, que é uma necessidade reclamada todos os dias pelo comércio, não apareceu quem se mexesse. Súcia de doidos!

— Mas, seu Cunha, se o povo fez aquela estátua a Gonçalves Dias é porque ele naturalmente a mereceu, coitado.

— Mereceu? Por quê? O que foi que ele fez, Aluísio? "Minha terra tem palmeiras, onde canta o sabiá. As aves que aqui gorjeiam, não gorjeiam como lá."?! Está aí o que ele fez!

O Maranhão só piorara. A decadência era geral. Não havia capital. Não construíam indústrias nem abriam estradas, e muito menos modernizavam portos. Os comerciantes lusos mandavam seus lucros para Portugal, onde a moeda não desvalorizava como aqui. Os negros escravizados eram vendidos para as fazendas de café do sul e com esse dinheiro os fazendeiros tentavam salvar suas terras, hipotecadas ao Banco do Maranhão.

Os únicos que ainda lucravam eram alguns poucos traficantes de escravos e a Igreja católica, dona de muitas terras, negros e privilégios. Quando o visconde do Rio Branco assinou a Lei do Ventre Livre, em 1871, o clero ganhou um bom dinheiro cobrando para registrar filhos de escravos com datas anteriores à lei.

Igreja, comerciantes portugueses e latifundiários queriam a continuidade de dom Pedro II, da escravidão, das classes que já estavam no poder. A política era monopólio deles e se dividia em dois partidos monarquistas, o Conservador e o Liberal. Ambos defendiam os mesmos interesses e pensavam praticamente igual sobre como gerir a vida pública em prol de seu grupo e de seus clãs familiares, que se alternavam no governo.

Mas havia contestação às oligarquias, e bem ativa, que se expressava com virulência pelos jornais. Foi nisso que Aluísio se meteu assim que chegou, embalado, vindo da Corte.

Juntou-se a um grupo de jovens revolucionários, dispostos a mandar os velhos "plantar batatas", todos usando bigode, lendo livros de ciência, de literatura, escrevendo, opinando sobre tudo.

Discutiam política nos cafés, nos bares, pregavam a República, a abolição da escravatura, a educação positivista, o fim das relações da Igreja com o Estado — de preferência o fim da Igreja. Fundavam jornais pequenos e guerreiros. *O Pensador, O Futuro, A Flecha*...

Para reagir aos ataques, o bispo Antônio Cândido de Alvarenga criara o semanário *Civilização*, defensor dos interesses eclesiásticos, redigido e impresso na tipografia do Seminário de Santo Antônio.

Aluísio e os amigos contra-atacaram o *Civilização* fundando um jornal, diário, agressivo e denunciador, escandaloso e movimentado: o *Pacotilha*. Instalaram a redação e a oficina tipográfica no sobrado de um negociante português, pai de um dos amigos. Aluísio foi o redator principal. No dia 30 de outubro de 1880, o grupo de rapazes de bigode ganhou a rua, a sobraçar a nova gazeta e gritar:

— Olha o *Pacotilha*! Olha o *Pacotilha*! Quarenta réis!

A edição logo se esgotou.

Propagavam ideais positivistas.

A Revolução Francesa foi o primeiro passo. Era preciso acabar com o direito divino dos reis, fundamentar a sociedade em outra crença que não fosse a teológica, que tivesse a positividade do espírito científico! O progresso social viria do progresso das ciências. A superstição seria substituída pela razão. O povo seria governado por si mesmo, e não por representantes de Deus na Terra!

O Positivismo era incompatível com a religião, e a monarquia não podia existir sem a religião. Os reis existiam por inspiração divina, eram "nomeados" por Deus e referendados pela Igreja. Positivista, só um governo republicano, laico, afastado da religião, democrático, no qual os governantes fossem eleitos pelos serviços prestados ao povo, e não por um destino armado pela "providência divina" e mantido pela superstição.

Pregavam o fim do sobrenatural. Só seria real o conhecimento que repousasse sobre um fato observável pelos sentidos.

Como propagava Auguste Comte: sob o domínio positivo da ciência a humanidade encontraria a perfeição.

Cabo submarino do Brasil para a Europa. Telefone. Usina termelétrica. Gás encanado. Máquinas a vapor. Revolução Industrial!

Em Londres, dez operários produziam dois milhões de alfinetes por dia. Já se sintetizava o álcool metílico e o acetileno. Os laboratórios penetravam no segredo dos organismos microscópicos, pesquisavam os bacilos da tuberculose, da difteria e da peste bubônica e o transmissor da febre amarela.

O triunfo da ciência!

Não era com fé que se fazia açúcar de beterraba!

6
capítulo

1886. Já havia cinco anos que voltara à Capital Federal. O aluguel atrasado, encaixotando suas coisas às pressas, fugindo da casa de cômodos para que o proprietário não confiscasse seus móveis e indo morar com Coelho Neto, um sujeito que mal conhecia.

Começou a embalar os cenários e bonecos que fez para o romance *O homem*, que estava escrevendo. Mudariam com ele para a casa nova.

Quando escrevia um romance, desenhava os personagens, colava-os em papelão, colocando-os de pé em cenários montados e pintados, como um teatro. Conversava com eles.

Lá estavam, juntos, na mesma caixa, a protagonista, Magdá, uma moça histérica; o pai dela, o conselheiro Pinto Marques; o afilhado dele, Fernando; o médico, doutor Lobão; e o jovem pedreiro, Luís.

Os cenários iam numa caixa maior: a mansão do conselheiro; a casa humilde de Luís; o consultório do doutor Lobão; e a grande ilustração da pedreira onde Luís trabalhava.

A pedreira era real, ficava em Botafogo. Dela vinham os paralelepípedos que calçavam as ruas da cidade. Aluísio foi lá várias vezes desenhar detalhes, conversar com os operários, pesquisar figurinos, saber o que comiam, o que pensavam, como era o dia a dia deles.

Era um escritor naturalista, seguidor apaixonado dos ensinamentos de Émile Zola.

Bom, pelo menos nos livros. Quando recebia encomendas para um folhetim de jornal precisava cometer "romantismos". Era o que as leitoras ainda queriam. Não se podia forçar mudanças bruscas nos hábitos de leitura do povo. Havia de ir aos poucos, introduzindo o Naturalismo no meio de uma história romântica, sem que o público percebesse.

O homem ia bem. Queria fazer um estudo sobre a histeria feminina, usando a personagem Magdá. Estudou psicopatologia e fisiologia, foi a hospitais, entre-

IVAN JAF

Aluísio Azevedo e *O CORTIÇO*

Ilustrações
Leandro Robles

OBRA-PRIMA
coleção

Editora
Saraiva

Suplemento de leitura

Neste livro, Ivan Jaf apresenta aos leitores a vida e a obra de Aluísio Azevedo (1857-1913) até a escrita de sua obra-prima, o romance *O cortiço* (1890). Combinando dados factuais com criação ficcional, o autor consegue recriar de forma viva e pulsante os eventos biográficos e históricos que compõem a obra do escritor naturalista.

Aliando pesquisa de arquivo a imaginação, humor e estilo, Ivan Jaf mostra como a cidade do Rio de Janeiro, onde o autor maranhense viveu durante mais de quinze anos, é muito mais do que um pano de fundo para seus livros. O ambiente e a época (final do século XIX) são fundamentais para entendermos as condições que favoreceram o surgimento e as transformações da obra de Aluísio Azevedo. E, fazendo o caminho de volta, Ivan Jaf nos mostra como essa obra ajuda a entender melhor nossa formação literária, política e social, propiciando um olhar crítico em relação ao presente.

Interpretação do texto

1. A narrativa de Ivan Jaf inicia-se em um momento que, cronologicamente, localiza-se em um ponto adiantado da história; depois, volta ao passado de Aluísio Azevedo, sempre em idas e vindas, de modo não linear. Organize os fatos, tanto biográficos como históricos, e as publicações de Aluísio Azevedo em ordem linear cronológica, traçando uma linha do tempo que servirá como referência para o estudo da obra.

2. É possível dizer que os diversos escritos de Aluísio Azevedo não podem ser enquadrados, como um todo, em uma única escola literária? Por quê? Justifique sua resposta com trechos do livro.

3. Explique como a frase "O Romantismo sustenta o Naturalismo " (p. 24), dita por Aluísio Azevedo, articula-se com seu projeto literário e político e suas condições de vida.

4. O escritor francês Émile Zola é a maior influência literária de Aluísio Azevedo. Quais são os elementos da "trindade naturalista" pregada por ele?

5. Na página 11, o narrador explicita essa influência de Zola, mostrando, ao mesmo tempo, as diferenças e nuances entre Romantismo, Realismo e Naturalismo. O que significam os termos "experimentação", "determinismo" e "hereditariedade" no contexto do romance naturalista?

6. De que forma as ideias de "herança biológica, ambiente social e momento histórico" aparecem na narrativa de Ivan Jaf e no modo como escreve sobre Aluísio Azevedo, sua época, seus familiares, as cidades onde viveu, etc.?

7. No capítulo 2, o escritor Coelho Neto vai visitar Aluísio Azevedo e depara com uma realidade muito diferente de suas expectativas. Comente essa cena, mostrando de que forma ela ilustra a posição do escritor realista-naturalista. Cite trechos do livro para justificar sua resposta.

20. A partir do capítulo 18, o autor descreve o plano de Aluísio Azevedo para a escrita de *O cortiço*. Organize esse plano (espaço, época, personagens, conflito) no caderno. Em seguida, explique de que forma a ideia do cortiço como "*coisa viva*. Prosopopeia" (p. 77) alinha-se à pretensão de Aluísio Azevedo de escrever "O grande livro naturalista" (p. 61).

21. *Aluísio Azevedo e O cortiço* é uma biografia. Leia a descrição do gênero na quarta capa do livro e levante aspectos da obra que permitem vinculá-la a esse gênero, mas que também mostrem o lado documental do texto.

22. Aluísio Azevedo produziu uma obra em que é fundamental a relação entre literatura e sociedade, tanto do ponto de vista linguístico como temático. Mais do que isso, procurou usar a literatura de modo político, como uma "arma contra as elites". E hoje em dia, é possível identificar manifestações literárias e artísticas em geral que tenham essa mesma proposta de crítica e resistência? Pense não só em livros, mas também em letras de canções, peças de teatro, artes visuais, etc. Traga exemplos para compartilhar com a turma e comentar.

Linguagem

1. Um dos charmes do texto de Ivan Jaf (e também uma das marcas de sua inventividade) é o humor sutil, um pouco envergonhado, à moda dos *clowns* que fazem troça de si mesmos sem mudar o semblante. Como estes, o autor aproveita elementos do cotidiano para fazer o leitor sorrir, como na abertura do capítulo 2, em que fala sobre os diversos – e nada nobres – trabalhos de Aluísio Azevedo como escritor. Procure e destaque outros trechos do livro que revelam essa faceta do biógrafo.

2. O mergulho de Ivan Jaf na vida e na obra de Aluísio Azevedo faz com que aproveite em sua linguagem termos, expressões e gírias desconhecidos ou raros, que caíram em desuso seja por modismo, seja porque as condições que sustentavam sua existência se modificaram. É o caso, por exemplo, de termos relativos a profissões hoje praticamente extintas, como quando o autor se refere aos "clichês" dos fotógrafos da época (p. 5), ou do "pincenê" usado por Coelho Neto (p. 7). Faça um levantamento das palavras e expressões desconhecidas para você. Depois pesquise o significado delas e converse com os colegas sobre os resultados obtidos.

3. Em alguns momentos, o narrador reproduz termos que, do ponto de vista atual, seriam considerados racistas ou preconceituosos, o que não era necessariamente um problema na época em que a obra foi publicada, quando a questão da abolição ainda não estava resolvida.

a) Localize alguns desses termos e procure contextualizá-los em relação à obra de Aluísio Azevedo e à cultura da época.

b) Quais são os sentidos das palavras "mulata" e "mulato", desde sua origem, passando por seus diversos usos historicamente até o presente? É possível ver ou exigir de Aluísio Azevedo a mesma consciência crítica que temos hoje (mesmo considerando que era abolicionista)?

c) Pesquise exemplos análogos na obra de Ivan Jaf e de Aluísio Azevedo que envolvam termos e construções também controversos ou problemáticos e traga-os para um debate em sala de aula.

Para saber mais

***Guerras do Brasil.doc.* Direção de Luiz Bolognesi. Brasil: Netflix, 2018.**

A série de documentários, dirigidos por Bolognesi e produzidos pelo Netflix, mostra como a violência e os conflitos armados perpassam toda a nossa formação, do "descobrimento" aos dias de hoje. Sugerimos trabalhar especialmente com o episódio "As Guerras de Palmares", sobre a escravidão.

REIS, João José; GOMES, Flávio dos Santos (Org.). *Liberdade por um fio:* história dos quilombos no Brasil. São Paulo: Companhia das Letras, 1996.

Reunindo ensaios de importantes historiadores e brasilianistas, o livro examina a resistência dos negros nos diferentes quilombos brasileiros.

Bate-papo e pesquisa

Um dos aspectos históricos mais importantes do livro de Ivan Jaf é a escravidão no Brasil, no momento da campanha pela abolição, da qual participa Aluísio Azevedo. O capítulo 20 é especialmente rico em informações a esse respeito, trazidas de forma crítica por Ivan Jaf. O biógrafo menciona, por exemplo, a existência de dois quilombos urbanos importantes, o do Jabaquara (SP) e o da Gávea (RJ), chamando a atenção para o papel fundamental dos escravos e ex-excravos no processo que levaria à abolição da escravidão no Brasil. Ao mesmo tempo, redimensiona o papel da princesa Isabel e recoloca em evidência os motivos de dom Pedro II para que a Lei Áurea fosse assinada.

Com base na discussão dessas informações em sala de aula, faça uma pesquisa ampliando-as e aprofundando a análise sobre o "lado B" da abolição, a "história que a História não conta". Quais foram os movimentos em prol da abolição e de revolta dos negros contra a escravidão? Como se organizavam os quilombos? Quem foram os principais atores da luta dos negros escravos e ex-escravos no Brasil?

Além do que foi mencionado por Ivan Jaf, quais eram os interesses políticos envolvidos na assinatura da Lei Áurea? Quem foram os poderosos envolvidos nesses conchavos? Que medidas pré-abolição foram tomadas e quais eram suas intenções?

Finalmente, analise a cena da comemoração da população nas ruas do Rio de Janeiro, relacionando-a com os fatos históricos. Ivan Jaf, com muita liberdade poética, procura recriar a euforia do momento e descreve a alegria da multidão, a comoção e a grande festa que toma a cidade quando é assinada a Lei Áurea: "Ao menos perante a lei, não havia mais brancos, negros, mulatos, índios... apenas *brasileiros*!" (p. 72).

Na sua opinião, essa afirmação reflete a realidade brasileira hoje? Por quê? Depois de debater o assunto com os colegas, pesquise os fatos históricos pós-abolição. Houve algum tipo de política pública para inserção dos ex-escravos no mercado de trabalho assalariado? Houve algum tipo de incentivo ou compensação por sua situação de abandono? Quais foram as consequências das políticas de incentivo à imigração europeia no Brasil para os negros? Quais foram as consequências dessas políticas (ou da falta delas) para os descendentes de negros escravizados e para a sociedade brasileira como um todo hoje? A escravidão é um fato do passado ou ainda existem situações análogas à escravidão nos dias de hoje, no Brasil e em outros países?

Lembre-se de que essas perguntas funcionam como elementos provocadores para você realizar sua pesquisa, que deve buscar, em fontes confiáveis, os fatos históricos e documentos que os comprovem. Toda opinião e crítica deve ser justificada com argumentos e ilustrada por exemplos. Não se esqueça de citar adequadamente as fontes de seus materiais.

14. Segundo Ivan Jaf, ao criar a história e os personagens de *O homem*, "Aluísio seguiu o dogma naturalista" (p. 19). Explique e justifique essa afirmação, com exemplos de *O homem* tal como descrito por Ivan Jaf.

15. Como funcionavam o mercado editorial e a questão dos direitos autorais no Brasil do final do século XIX? Qual era a relação entre autores, obras e público naquele momento? Por que Garnier era considerado um "bom ladrão"?

16. Por que dom Pedro II era contra regulamentar e remunerar objetivamente o trabalho dos escritores, oferecendo, em vez disso, "recompensas públicas", como prêmios, bolsas, viagens, etc.? Lembre-se, a propósito, do que afirma o narrador de Ivan Jaf no primeiro parágrafo do capítulo 8 (p. 24).

17. Indique trechos do livro de Ivan Jaf que mostram as estratégias de sobrevivência de Aluísio Azevedo. O que ele fazia para divulgar seus livros? Que concessões fazia para continuar sua vida de escritor? Que outros tipos de trabalho realizava?

18. Releia o início do capítulo 1, em que Ivan Jaf faz uma espécie de lista do trabalho informal para os homens livres do final do século XIX. Depois reflita sobre o trabalho de Aluísio Azevedo em *O cortiço*, trabalhando com a "verdade" dos fatos políticos e sociais; os personagens-tipo; os conflitos entre burguesia e proletariado; o contato entre imigrantes europeus, negros e indígenas; os diferentes costumes e interações. (Cf cap. 18). Por fim, imagine que você está traçando o plano para a escrita de um romance naturalista; um romance que se passe nos dias de hoje. Quais seriam os personagens do seu romance? Você deve levar em consideração os pressupostos naturalistas (reveja a teoria de Zola), concebendo os personagens como *tipos* sociais, com o objetivo de mostrar a sociedade como ela é, nua e crua.

19. Ivan Jaf argumenta que, muito antes de ser uma opção intelectual, o Naturalismo da obra de Aluísio Azevedo impôs-se de forma orgânica, emergindo do ambiente e da época em que o escritor viveu. Um exemplo são as "histórias de terror" (p. 40) que ouviu quando menino. Fale sobre a origem e a influência delas na vida e na obra do autor naturalista.

8. Além de Zola, quais são as influências literárias, estéticas e políticas de Aluísio Azevedo? Escreva uma lista com o nome dos escritores citados no livro. Depois, faça uma breve pesquisa de local e data de nascimento e morte de cada autor para situá-los em perspectiva histórica.

9. Ainda no capítulo 3, Ivan Jaf escreve sobre a chegada de Aluísio Azevedo ao Rio de Janeiro, quando este pôde, enfim, mergulhar nas "novas ideias" que já o inspiravam na província: positivismo, republicanismo, abolicionismo, liberdade de expressão, anticlericalismo, etc. Comente a importância dessas novas ideias no contexto social do Brasil naquela época.

10. O capítulo 4 é um dos momentos do livro em que Ivan Jaf retorna ao passado para esclarecer aspectos da história e dos personagens de *O cortiço*. Nesse capítulo, ele aborda as origens familiares de Aluísio Azevedo e seus primeiros empregos. Entre estes, estava o trabalho, para nós inusitado mas comum na época, de retratista de defuntos. Ao exercê-lo, Aluísio Azevedo já mostrava sua predileção pelo Naturalismo. Por quê?

11. Por que podemos afirmar que a mãe de Aluísio Azevedo teve uma história fora dos padrões da época? Você acha que isso pode ter influenciado em alguma medida a trajetória do escritor?

12. Depois de dois anos morando no Rio de Janeiro, Aluísio Azevedo volta ao Maranhão, em 1878, por um breve período. Ivan Jaf descreve e analisa a situação do estado e da cidade (São Luís) de Aluísio Azevedo. Quais eram as forças políticas e econômicas em jogo? Quem eram os poderosos e o que queriam? Quem eram as forças de oposição e como pensavam e combatiam o poder?

13. Ivan Jaf trata da alternância dos mesmos clãs familiares na política brasileira do final do século XIX. Mais adiante, falando sobre a criação do romance *O Coruja*, afirma que Aluísio Azevedo "Incorporou também a *verdade* sobre o que movia as elites: dinheiro, ascensão social a qualquer custo, vilania, demagogia, compadrio!" (p. 61). Em sua opinião, essas observações sobre as elites financeiras e políticas da época têm alguma relação com o Brasil de hoje? Por que e de que forma? Procure utilizar exemplos históricos e atuais para embasar sua argumentação.

Produção de texto

Escreva uma resenha crítica sobre o livro de Ivan Jaf, de no máximo duas páginas. Você deverá mobilizar aqui sua capacidade de síntese, mas sobretudo suas habilidades analíticas e argumentativas. Antes de fazer a crítica da obra (positiva e/ou negativa), você deve levantar e analisar elementos tanto da forma como do conteúdo do livro, apresentando-os ao leitor. Procure usar esses elementos para persuadir outros leitores de que vale a pena (ou não) ler o livro, justificando seu juízo sobre a obra.

Fazendo arte

1. Na capa do livro, há uma imagem de Aluísio Azevedo falando de *O cortiço* com alguns de seus contemporâneos. Como podemos justificar essa afirmação? É possível identificar esses amigos pelos traços da ilustração de Leandro Robles? Identifique trechos do livro em que são citados.

2. A capa também apresenta outro elemento que se repete em algumas ilustrações do livro. Que elemento é esse e o que ele representa?

Leia também

***O cortiço*, de Aluísio Azevedo.** São Paulo: Ática, 2008. (Coleção Clássicos Brasileiros em HQ).

Com roteiro de Ivan Jaf e arte de Rodrigo Rosa, o livro apresenta a obra-prima de Aluísio Azevedo adaptada para HQ.

"Pai contra mãe", de Machado de Assis. Disponível em: <www.dominiopublico.gov.br/download/texto/bv000245.pdf>. Acesso em: 27 ago. 2019.

O conto, publicado originalmente em 1906, gira em torno de mais uma das tantas histórias de terror gestadas pela escravidão no Brasil.

vistou médicos, pesquisou sobre patologia do sistema nervoso, alienação mental e perturbações nervosas da mulher. Teve longas conversas com um vizinho ali da casa de cômodos, o estudante de Medicina Alcides Flávio, que compunha uma tese justamente a respeito da histeria.

Flaubert já havia tratado do assunto em *Madame Bovary*, porém Flaubert ainda era *realista*. O Naturalismo de Zola ia bem mais fundo. Trazia o determinismo, a hereditariedade, a influência do meio, a fisiologia. Mostrava as causas científicas, positivas, da histeria: a educação religiosa, a biologia, a incompatibilidade entre as leis da natureza e a moral burguesa e católica, as frustrações sexuais decorrentes...

Aluísio seguiu o dogma naturalista. Colocou Magdá no meio adequado, que determinaria sua conduta: era filha da burguesia, teve educação religiosa rígida, leu livros românticos. Até que um choque nervoso deflagraria a histeria e a levaria à loucura.

Porém, certos trechos estavam saindo ainda românticos. Muita paixão e sonhos. Precisava fazer uns cortes.

Magdá sonha que se entrega a Luís num cenário exótico, um lugar inacessível chamado *Ilha do Segredo*, onde perde a virgindade em meio a delírios eróticos... aquilo cheirava a Romantismo. Sonhos fantásticos, imaginação, lirismo, poesia. A descrição da natureza luxuriante da ilha estava parecendo uma homenagem a José de Alencar.

Bom, eram delírios de uma mente doente, *natural* uma certa fantasia. Melhor pensar com calma. Umas pitadas românticas sempre agradavam à média dos leitores. Principalmente às *leitoras*. Não podia escrever para os críticos. Precisava vender livros. Pagar o aluguel da nova casa. Comer. Comprar um par de sapatos.

Refletiria sobre isso na rua Formosa.

Precisava terminar de empacotar suas coisas porque o dia da mudança chegara e o carroceiro passaria depois do almoço.

Aluísio Azevedo e Coelho Neto colocaram suas mesas de trabalho na sala.

A luz entrava, pródiga *demais*, pelas duas largas janelas que davam para a rua, e ainda por outra, lateral, que se abria para o telhado vizinho. Pensaram logo em cortinas, mas não tinham dinheiro para tanto.

O papel de parede da sala, descascado em vários pontos, contrariou Aluísio: reproduziam ao infinito um pajem e uma dama, apaixonados, numa paisagem idílica, ao lado de um lago com um cisne branco.

— Sou contra o Romantismo até em papéis de parede.

Dona Anna cuidava da casa e das refeições, ajudada pela filha, Vidinha, e por uma escrava magrinha chamada Leonor.

A casa era limpa e as refeições, fartas: imensas terrinas de sopa, pratos de carne, panelões de arroz, assados, saladas, frutas e café fresco, tomado no mirante do telhado.

Os ares do sobrado da rua Formosa eram muito mais saudáveis que os do quarto úmido e infecto da casa de cômodos do Campo de Santana. O problema era o barulho. Ficava perto da estação ferroviária Dom Pedro II, com trens partindo e chegando dos subúrbios e das serras durante todo o dia.

Locomotivas em manobras, velhas máquinas barulhentas, e todo o movimento em volta, carroções enormes trazendo e levando mercadorias, carregados, rangendo, passando aos solavancos sobre as pedras mal assentadas da rua, cocheiros, quitandeiros, vendedores aos urros, a oficina de carros ao lado, malhos batendo em ferros, todo o dia, todo o dia, a menina em frente todas as tardes maltratando um piano, mulheres aos gritos, bondes lotados... Era preciso fechar as janelas da sala para poder se concentrar na escrita ou na leitura.

Para se acalmar, Aluísio subia com uma caneca de café até o mirante e deixava o olhar se perder nos varais cheios de roupas dos quintais em volta, no pátio da oficina de carroças, no sol se pondo longe, atrás do verde do parque da Aclamação.

7
capítulo

Aluísio e Coelho Neto iam toda a noite aos teatros do largo do Rocio, aos cafés e restaurantes da rua do Ouvidor ou às conversas na livraria Garnier. Seus amigos apareciam na rua Formosa, alguns passavam a noite ali. E comiam.

Dona Anna reclamava, mas os inquilinos alegavam que eles *dividiam* as refeições, aquilo não representava custo algum a mais. Porém ela implicava com a bagunça e o barulho até de madrugada.

Duarte, o poeta, esmurrava o portão altas horas da noite e dormia no canapé, com a cabeça apoiada em dois dicionários, alegando que aquilo aumentava seu vocabulário.

Olavo Bilac, Pardal Mallet e Muniz Barreto apareciam com frequência.

Apesar de tudo, os dois escritores conseguiam trabalhar. Coelho Neto escrevia uma opereta. Aluísio acumulava pesquisas de campo e leituras, e ia construindo aos poucos seu romance *O homem*.

Respeitava a trindade naturalista pregada por Zola: documentação, observação e experimentação.

Saía cedo de casa, disfarçado de operário de pedreira, voltava à noite, anotava a lápis em cadernos tudo que tinha visto e sentido, desenhava lugares e tipos, esboçava personagens.

Dona Anna e Vidinha não entendiam o "famoso" escritor e jornalista sair de tamancos e sem meias, com calças velhas de zuarte remendadas, camisa de meia rota nos cotovelos e chapéu surrado.

Aluísio comia e bebia em tabernas baratas, visitava estalagens, fazia amizades com os cavouqueiros da pedreira, conversava muito, estudava tipos, costumes, linguagem.

Chegou a alugar um quarto sórdido num cortiço de Botafogo. Passou alguns dias lá, observando, fazendo anotações. Até que um morador o viu na rua do Ouvidor, de fraque cinza, botinas de verniz e cartola branca (emprestados). Tomou-o por um espião da polícia e avisou Gustavão, famoso e perigoso capoeirista, melhor navalhista de Botafogo. Aluísio teve de fugir às pressas do cortiço.

Naturalismo no Brasil era perigoso.

O homem progredia, em meio às eternas dificuldades financeiras do autor. Escrevia sempre pensando nas contas a pagar, no seu sustento. Da outra escrivaninha, o amigo conterrâneo ouvia seus desabafos:

— Escrevo por força da fatalidade. É o destino que me aferra a esta mesa. Vim consignado às letras e aqui estou, falido.

— Você não tem razões de queixa, Aluísio. Tem livros publicados, folhetins, crônicas, peças de teatro...

— Só não tenho dinheiro. Escrever para quê? Para quem? Não temos público. Uma edição de dois mil exemplares leva anos a esgotar-se, por indiferença ou analfabetismo. Dão-me as letras para viver, mas eu é que sei como vivo. No dia que conseguisse alguma coisa que me garantisse o teto e a mesa, deixava de mão pena, papel e tinta e todas essas coisas que só têm servido para me incompatibilizar com o clero, a nobreza e o povo. De letras estou até aqui.

Para sobreviver, era obrigado a fazer coisas em que não acreditava. Como escrever folhetins românticos para os jornais.

— Literatura de passatempo para as mulheres, da mesma categoria dos bordados.

Às vezes desesperava-se. Sonhava com um emprego público, como o irmão Artur, Machado de Assis e tantos outros.

Em 1884, depois de escrever *Mistério da Tijuca* para o rodapé da *Folha Nova*, exasperado, chegou a enviar uma carta para o deputado Afonso Celso, angustiado, pedindo "proteção".

> *[...] desejo ardentemente descobrir uma colocação, qualquer, seja onde for, ainda que na China ou em Mato Grosso, contanto que me sirva de pretexto para continuar a existir e continuar a sarroliscar os meus pobres romances, sem ser preciso fazê-los* au jour le jour. *[...] Há certos lugares, certos cargos, certos empregos, dos quais só os próprios políticos têm notícia quando eles ainda se acham vagos, [...] e já trazem as nomeações no bolso [...] logo que te passe pelos olhos um desses cargos, lhe ponhas a mão em cima e me atires com ele,*

> *que eu o receberei com a melhor vontade do que a de um náufrago ao receber uma tábua de salvação. Repito: seja lá o que for — tudo serve; contanto que eu não tenha de fabricar Mistérios da Tijuca e possa escrever Casas de pensão.*

Não conseguiu nada e teve de escrever *Mistério da Tijuca* até o fim. Mas escreveu também *Casa de pensão.*

8
capítulo

O que fazer? Aquela era a sua vida. Secundário incompleto, sem família rica nem profissão liberal. Antimonarquista e anticlerical militante e agressivo, dom Pedro II não lhe daria comendas, bolsas nem emprego público. Um escritor naturalista que *precisava* escrever folhetins românticos.

— O Romantismo sustenta o Naturalismo. Zola com certeza não tem esse problema!

A necessidade o tornou pragmático. Não era um realista? Tinha de encarar a realidade. Viver de romances naturalistas seria vender gelo no polo sul. Ninguém precisava.

A primeira providência era manter-se vivo: arranjar dinheiro para comer, dormir numa cama e vestir-se com dignidade.

Quem pagava para um escritor escrever obras de ficção? Os jornais, para saciar a vontade do público de ler folhetins.

Caía-se no círculo vicioso: o público acostumou-se aos folhetins românticos, os jornais atendiam ao gosto deles, os leitores, que só encontravam folhetins românticos nos jornais, criavam o hábito, não queriam outra coisa, os jornais davam o que eles queriam, a roda girava, girava, girava... mas sem sair do lugar. Não havia como fugir disso.

Ou seja, para ganhar dinheiro escrevendo folhetins ele tinha de se adaptar ao gosto popular, já que precisava que suas obras fossem publicadas e lidas.

Projeto (única saída): tornando-se um autor conhecido, pela grande penetração que os jornais proporcionavam, teria condições de escrever os romances naturalistas em que acreditava de verdade. Bastava, aos poucos, ir vencendo as resistências dos editores e do público. Primeiro do público. Se conseguisse leitores, os editores se interessariam. Simples. Simples?

Os críticos não aceitavam esse pragmatismo. Desde os tempos de São Luís do Maranhão Aluísio Azevedo vinha escrevendo artigos literários defendendo furiosa e obstinadamente a escola Naturalista. Era considerado o maior apóstolo do Naturalismo no Brasil, o mais exaltado discípulo de Zola, vociferando sempre contra o estilo romântico. E periodicamente saíam de sua pena folhetins descaradamente românticos: *Filomena Borges, A mortalha de Alzira, Memórias de um condenado, Mistério da Tijuca...*

Ora, tratava-se, em primeiro lugar, de ganhar dinheiro; em segundo, fama, nomeada. A culpa não era dele. Era da deficiência literária da grande massa, que consumia a literatura de José de Alencar, Joaquim Manuel de Macedo, Bernardo Guimarães e tantos outros românticos ainda na moda.

— O escritor naturalista aqui é obrigado a lutar com duas forças desencontradas, Coelho Neto: o desejo de escrever de acordo com sua consciência e o desejo de agradar ao leitor. De um lado está meia dúzia de jornalistas e literatos que acompanham as letras europeias e desejam que os escritores brasileiros as sigam de perto. Do outro lado está o resto do público, que ignora completamente em que altura navega o romance moderno e lê simplesmente para espairecer as fadigas do dia. Aqueles vivem com Zola, estes querem Alexandre Dumas... e o pobre escritor, entalado entre essas duas verdades opostas, se pergunta à qual das duas deve atender. A primeira é a de quem faz a crítica, de quem pensa, de quem sabe. Mas a segunda é de quem lê, de quem compra, de quem sustenta o romancista. Em qual das duas está o direito? Em qual das duas está a razão? E o mais importante: quem vai pagar meu aluguel?

Entre as duas, optou pelas duas. Precisava agradar o leitor, sem afastar o crítico. Para aqueles, folhetins; para estes, livros. Aceitou violentar-se para ganhar dinheiro. Por que não?

— Se o público diverte-se com folhetins, que os leia. Eu preciso comer.

Aluísio acreditava na educação do povo e no progresso. O Naturalismo era o futuro inevitável, a ciência positiva na literatura. Em seu pragmatismo, havia uma "estratégia positivista":

— O Positivismo abarcará tudo, todas as áreas, inclusive a literatura, mas para isso é necessário educar as massas, aos poucos, *progressivamente.* É a noção de progresso, meu amigo. Então, ao escrever folhetins românticos, vou encaixando aqui e ali alguns preceitos naturalistas, disfarçadamente, para ir aclimatando o público.

Na época em que publicava *Mistério da Tijuca*, num arroubo de sinceridade, chegou a escrever uma nota de rodapé no capítulo 61:

> *[...] diremos logo com franqueza que todo o nosso fim é encaminhar o leitor para o verdadeiro romance moderno. Mas [...] sem que ele o sinta, sem que ele dê pela tramoia, porque ao contrário ficaremos com a isca intacta.*

É preciso ir dando a coisa em pequenas doses, paulatinamente. Um pouco de enredo de vez em quando, uma ou outra situação dramática de espaço a espaço, para engodar, mas sem nunca esquecer o ponto de partida – a observação e o respeito à verdade. Depois as doses de Romantismo irão gradualmente diminuindo, enquanto as de Naturalismo irão se desenvolvendo; até que um belo dia, sem que o leitor o sinta, esteja completamente habituado ao romance de pura observação e estudo de caracteres.

Tratava-se de dar ao espírito novos hábitos.

Porém, quando escrevia seus romances, fora dos folhetins, aí sim procurava fazer Naturalismo puro e radical.

— Olhe o prefácio que colocarei em *O homem* — Aluísio levantou a cabeça e brandiu a pena.

— Leia — disse Coelho Neto, na mesa em frente.

— "Quem não amar a verdade na Arte e não tiver a respeito do Naturalismo ideias bem claras e seguras, fará, deixando de ler este livro, um grande obséquio a quem o escreveu."

— Vai perder os leitores românticos, ou seja, *todos*.

— Que vão às favas!

Apesar do barulho da estação de trem e de todo o movimento em torno, por alguns meses teve tranquilidade para trabalhar na rua Formosa.

Acordava entre 6 e 7 horas, tomava um banho frio no chuveiro do quintal, fazia um café forte e passava um tempo à janela, ao sol, olhando o movimento das locomotivas, o vaivém das pessoas indo para o trabalho.

Às vezes Coelho Neto o acompanhava. E ouvia.

— Escritores são seres à parte da humanidade, meu amigo... Não participo desse jogo entre patrão e empregado. Não tenho horários, obrigações. Não recebo ordens nem mando em ninguém. Quando estou contente, gozo o ar livre da minha independência. Quando estou deprimido, sinto-me um estranho, solitário, pária, náufrago exilado numa ilha de pensamento. Mas sempre vou sentar-me em minha mesa. E escrevo. Estou quase terminando *O homem*. Mais um ou dois meses de paz aqui e coloco o ponto final nele.

Porém, uma noite, a paz terminou.

Às duas da manhã foi despertado pelo hino da França que vinha da rua, em meio a gritos. Continuou embaixo das cobertas. Alguns bêbados voltando para casa. Justo nos únicos momentos de silêncio daquela maldita rua.

Allons, enfants de la Patrie,
Le jour de gloire est arrivé!

Barulheira tremenda. E haviam parado em frente a casa. Cobriu a cabeça com o travesseiro.

Pulou da cama, assustado. Tentavam arrombar a porta da rua. Gritavam seu nome, com fúria!

Abriu a janela. Dois tílburis estacionados e um grupo animado. Reconheceu os amigos. Lins, Paula Nei, Duarte, Amélia e Sabina. Agitavam velas e garrafas. Quando o viram na janela, tornaram a se atirar contra a porta.

Contre nous de la tyrannie,
L'étendard sanglant est levé!

Dona Anna e Vidinha gritavam da janela do térreo, enquanto a porta da rua sacudia, prestes a ser despedaçada.

— Súcia de vagabundos! — berrava a senhora. — Não abro! Pelintras! Isso aqui é uma casa de família!

Aux armes, citoyens!
Formez vos bataillons!
Marchons! Marchons!

— Deixe-me explicar — e Aluísio começou a descer os degraus. — Isso é natural, dona Anna. É uma comemoração. Ouça... Hoje foi o ensaio geral da minha peça. *Macaquinhos no sótão.*

— Não quero saber de histórias! Rua! Estou farta!

— Os rapazes querem festejar. Fazer-me uma homenagem.

A tranca da porta não resistiu e o grupo invadiu a casa aos berros.

Foram expulsos.

Deixaram a casa da rua Formosa, cada um para um lado.

Coelho Neto foi para uma casa de cômodos sórdida, no Estácio.

Aluísio, como sempre fazia em situações de emergência, pediu abrigo a João Gomes de Carvalho, o visconde de Barra Mansa.

Esse aristocrata rico, grande plantador de café do Vale do Paraíba, possuía uma mansão em Laranjeiras e, quando estava na Corte, promovia saraus concorridos, atraindo artistas e intelectuais.

Gostava de cercar-se da boemia da rua do Ouvidor. Mesa farta. Vinho e champanhe nunca faltavam.

Abundância, quarto luxuoso. O velho, adoentado, passava os dias recolhido em seus aposentos. Só se encontravam à noite, para jantar e conversar sobre literatura e arte.

Aluísio tinha todo o dia para escrever em paz, de barriga cheia, sem preocupações materiais.

Tudo isso por um ou dois meses, no máximo.

O suficiente para concluir *O homem.*

9
capítulo

O livro foi um sucesso estrondoso!

Lançado pela tipografia Afonso de Castro e Silva, em outubro de 1887, a primeira edição, mil e novecentos exemplares, esgotou-se em uma semana!

Era um acontecimento literário sem precedentes, mas por trás dele havia uma grande campanha publicitária, que começou muito antes de o livro ficar pronto.

Em dezembro de 1886 já saíam trechos na revista *A Semana*. Pouco depois o *Gazeta da Tarde* publicou anúncios instigadores e elogiosos, escritos pelo próprio Aluísio, sob pseudônimo... *um livro ardentíssimo, um estudo de histeria feminina... um romance de sonho...*

Em sucessivos artigos, o autor foi deixando claro o estilo Naturalista da futura obra.

A data do lançamento se aproximava e novos trechos, no *Diário de Notícias*, criaram uma tremenda expectativa, insinuando o caráter *picante, erótico*, o escândalo que certas passagens causariam.

O irmão Artur escreveu, no jornal *Novidades*: *O novo romance de Aluísio Azevedo,* O homem, *vai aparecer em condições excepcionais. Nesta terra há o costume de guardar-se absoluto silêncio a respeito dos livros que se publicam, mas* O homem *está ainda inédito e já tem dado muito que falar [...]. Alguns pais de família vão achar que onde está* O homem *está o perigo, e só deixarão que as meninas o leiam depois de suprimidas algumas páginas audazes. As pobres pequenas naturalmente darão o cavaco por não terem* O homem inteiro *[...].*

Às vésperas do lançamento, organizaram uma conferência pública sobre o livro no teatro Príncipe Imperial. Coelho Neto foi o palestrante. Os jornais publicaram e comentaram a conferência.

E afinal o livro foi exposto nos balcões das livrarias.

Só no primeiro dia vendeu trezentos exemplares!

Aluísio mostrou-se incansável na promoção do romance. Foi a todos os jornais e cobrou dos amigos notas e críticas laudatórias. Quantos editores e jornalistas lhe deviam favores? Não trabalhava de graça para eles?

Não se furtaram a ajudar.

Aluísio não parou.

Ainda em outubro organizou um banquete no Hotel Londres para comemorar o sucesso de vendas. Disse a Coelho Neto:

— Eu ainda acabo com a carrocinha, como o homem dos abacaxis e as melancias, correndo essas ruas com meus romances, apregoando-os aos berros.

Tornou-se mesmo um vendedor ambulante do livro. E escreveu críticas elogiosas a ele mesmo, sob pseudônimo.

Como os jornais penetravam em todo o Brasil, por meio de assinaturas, o romance começou a vender bastante também nas principais províncias.

Em janeiro de 1888 Artur Azevedo colocou o título *O homem* em uma de suas famosas "revistas de ano". Nova onda de vendas para o livro.

Esse sucesso, surpreendente para um romance naturalista no Brasil, teve uma consequência extraordinária para Aluísio, algo com que ele sonhava havia anos: quando afinal anunciaram a quarta edição de *O homem*, a Livraria Garnier o procurou com a proposta para uma nova edição de *O mulato*!

O mulato.

O livro que mudara sua vida. O livro que lhe abrira as portas da Capital Federal novamente. O livro que o tornara *escritor.*

E na Garnier!

Ser publicado pela Garnier era atravessar a "Sublime Porta", como os escritores diziam, comparando a editora a Istambul, a porta de entrada para as riquezas da Ásia.

Porém a riqueza, nesse caso, era mais simbólica que financeira.

Eram três irmãos, Auguste, Hippolyte e Baptiste Garnier.

Em 1833 fundaram uma livraria em Paris. Em 1844 o irmão mais novo, Baptiste, abriu uma filial no Rio de Janeiro, na rua do Ouvidor: a Livraria Garnier.

Em poucos anos Baptiste tornou-se o principal editor do Brasil. Tinha a própria tipografia e publicava autores nacionais e traduções do francês.

Editora de prestígio. Ser publicado por ela era uma consagração. Com a melhor distribuição, seus livros chegavam às principais cidades do Brasil, eram bem-acabados e tinham um bom trabalho tipográfico, muito superior ao das concorrentes.

As tipografias brasileiras eram lugares melancólicos. O pobre escritor cheio de sonhos ia pagar para imprimir uma obra num galpão sombrio. O dono então aparecia. Um sujeito triste, desorientado, pensando nas suas mil dificuldades, ouvia o cliente distraidamente, sem dar importância ao trabalho, e assim que o escritor saía já não lembrava nada do que foi dito.

A encomenda então era entregue ao tipógrafo, um tipo macambúzio, dedos sujos de tinta, cotovelos fincados na caixa de composição, a olhar sonambulamente para os tipos empastelados, cobertos de pó, sem encontrar coragem para compor uma linha.

Compor? Trabalhar para quê? Para ganhar 5$000 por dia?

O resultado eram livros repletos de erros e descuidos, muitos, constantes, uma calamidade. Palavras incompletas, linhas trocadas ou faltando, atentados ao estilo e à lógica gramatical, transposições que alteravam completamente o sentido, enganos toscos... *belos brilhantes* viravam *velhos brilhantes*, *pedras límpidas* tornavam-se *pedras limpas*. Formatos quadrados, capítulos grudados no alto da página, papel ruim, tipos grandes demais.

E o escritor é que levava a culpa.

Os livros da Garnier, não. Eram bonitos e bem impressos. A editora usava o formato francês in-oitavo, de 16,5 cm × 10,5 cm, e os serviços de sua tipografia, a Franco-Americana, seguiam o padrão de qualidade da França.

Por outro lado, Baptiste Garnier era conhecido como o *Bom Ladrão*. Pagava muito pouco aos autores pelos direitos autorais. 200$000, 300$000 por mil exemplares. O salário de um operário. Um grande contraste com a fortuna que o francês estava acumulando no Brasil. Mas o que fazer? Não existiam leis que regulassem os direitos autorais. Às vezes não existiam nem direitos autorais.

Traduções, por exemplo. Escritores europeus eram publicados no Brasil, ou tinham suas peças encenadas, sem que recebessem nada. Fonte de renda segura para editores e produtores de teatro. Concorrência desleal para escritores brasileiros.

Que interesse o editor daqui teria em publicar o escritor nacional desconhecido, que reclamava divulgação e pagamento, quando podia ter Victor Hugo ou Balzac de graça, pagando só, e pouco, pela tradução?

Por isso, para conseguir ser publicado, o escritor no Brasil era obrigado a se sujeitar a pagamentos irrisórios, e apenas pela *primeira* edição.

As edições seguintes pertenciam ao editor, que já não precisava prestar contas. O argumento era singelo:

— Ora, o que muda de uma edição para outra? Nada. Então não justifica outro pagamento. O escritor não fez nada de novo.

Com um romance custando de 3$000 a 5$000, e as demais edições saindo de graça, ficava fácil calcular o bom lucro das editoras.

E a miséria dos escritores.

10
capítulo

Era impossível para um escritor viver só de sua pena. Todos procuravam um emprego. A única exceção era Aluísio. Mas vivia da mão para a boca.

Mesmo um sujeito solteiro como ele necessitava no mínimo 200$000 para viver. Só um quarto numa pensão custava a metade disso.

Virava-se no jornalismo, que também pagava uma miséria. Um ajudante de redação ganhava 60$000. Aluísio chegou a aceitar 40$000 em 1882. Era obrigado a completar a renda com artigos, vendidos a 25$000, crônicas e contos a 35$000, poemas a 20$000...

A única maneira de viver de literatura, pelo menos no futuro, seria lutar por leis que defendessem os direitos do escritor sobre sua obra. Foi o que Aluísio fez, e até nisso teve de ser positivista naturalista, combatendo o Romantismo, o misticismo e, principalmente, o imperador dom Pedro II.

Havia o mito romântico de que o escritor estava fadado à miséria, e que essa miséria era gloriosa. A arte advinha de uma inspiração mística, divina, das musas, era algo abstrato, e isso não tinha preço, não era uma mercadoria. Não se podia cobrar por um dom divino, metafísico. Seria mesquinho.

O ideal do escritor romântico era morrer pobre e tuberculoso. Sua única recompensa seria a Glória, geralmente póstuma. Ele não podia querer mais.

Os editores gostavam disso.

Dom Pedro II também.

Muitos escritores, como Aluísio, que desejavam viver uma vida saudável e morrer velhos, satisfazendo suas necessidades materiais com o fruto de seu trabalho, como todo mundo, começaram a lutar pelos seus direitos.

Aluísio Azevedo, Pardal Mallet e Pinheiro Chagas foram dos mais combativos. Entre outras coisas, acusavam abertamente pelos jornais o interesse do imperador em manter a situação como estava, opondo-se a que se celebrassem tratados que regulamentassem a propriedade intelectual.

Dom Pedro II era a favor das "recompensas públicas". O trabalho do escritor seria reconhecido com sinecuras, prêmios, bolsas, incentivos, compra de edições inteiras, viagens à Europa, edições pagas pelo Estado... ou seja, os escritores dependeriam da boa vontade do próprio imperador, que dessa forma controlava a produção.

Escritores recebendo direitos autorais ficariam livres da tutela do Estado. Livres para falar mal do monarca, da monarquia, do clero, do latifúndio, dos capitalistas, do que e de quem quisessem. Algo que Aluísio, independente, mais fazia nos jornais: criticar o poder.

Passou a escrever artigos contundentes contra a sujeição dos intelectuais ao Estado e a organizar, com os amigos, conferências e sociedades de escritores, lutando pelos direitos autorais.

O problema era que nada disso estava acontecendo *agora*, quando precisava sobreviver de sua pena. E arranjar um novo lugar para morar. O visconde de Barra Mansa já estava com ares de quem se cansara da sua presença — e partiria para sua fazenda, iria cuidar dos seus muitos alqueires de café.

Adeus, jardins floridos e árvores frondosas. Adeus, muros altos cobertos de limo. Adeus, cavalos puros-sangues. Adeus, negras silenciosas percorrendo corredores infinitos, deixando pelo caminho camas feitas e roupas engomadas. Adeus, copeiros solícitos e suas imensas travessas e terrinas. Adeus, asas de frango tostadas e bons vinhos. Adeus, silêncio, paz, conforto e fartura. Adeus, boa vida.

Foi na última semana na casa de dona Anna, na rua Formosa, que um amigo, que gostava de ser chamado de Crébillon, em homenagem ao poeta trágico francês, propôs criarem uma república.

Acharam a ideia excelente e Crébillon ficou de encontrar uma casa grande, para dividirem a despesa. Os meses passaram e nada.

O mais prejudicado foi Coelho Neto, que sobreviveu morando em quartos infectos e chegou a passar fome.

Justamente quando Aluísio estava sendo forçado a deixar a mansão do visconde de Barra Mansa, e Coelho Neto não sabia mais o que fazer da vida, Crébillon reapareceu, com as chaves de uma casa!

Não era uma casa qualquer. Alugara uma mansão no bairro nobre do Catete, de onde acabara de se mudar um barão, homem de muito gosto e fortuna.

— Um palácio!

Os outros logo disseram que não podiam pagar, mas Crébillon garantiu que arcaria com o aluguel e a mobília por um bom tempo:

— Tenho umas economias.

Foram ver a casa.

Magnífica. Rua Santa Cristina.

Dois andares, seis janelões só na fachada da frente. Abriram o imenso portão de bronze, atravessaram um grande pátio calçado com mármore. A grandeza do salão. Quatro janelões para a rua, outros quatro dando para o jardim dos fundos, espaço para saraus de duzentas pessoas. Na sala de jantar caberia uma mesa para cem convidados.

Bicos de gás nas paredes.

Nunca haviam morado numa casa com gás.

Subiram ao segundo pavimento. *Oito* quartos!

Aluísio olhou em volta, desconsolado:

— A casa está completamente vazia. Não há um móvel, uma panela, um talher. Só com o que temos, isso vai ficar como um deserto, com pequenos oásis.

— Eu falei para não se preocuparem! — repetiu Crébillon, com firmeza. — Vou mobiliar a casa. Móveis de imbuia e canela. Ah, e cortinas. Todas as janelas precisam de cortinas.

No dia seguinte, como combinado, a carroça passou nas respectivas moradas, recolhendo os trastes.

Foi tudo para o segundo andar, para os quartos. A única peça que colocaram no imenso salão do térreo foi um velho e gasto tapete.

Ele ficou lá, absurdo, como um tapete mágico estacionado no palácio de um califa sem amigos.

No almoço, sem panelas, pratos nem talheres, trouxeram de uma venda perto sardinhas fritas, pães e azeite.

O jantar não foi diferente.

E o café da manhã seguinte, e o almoço...

O fato foi que Crébillon sumiu e a casa continuou imensa e desprovida de tudo.

Crébillon só apareceu duas semanas depois, dizendo ter ido caçar nas serras da Bocaina.

— O que farás para pagar os trezentos e cinquenta mil-réis que custam o aluguel deste palacete, onde nos metestes com mil promessas? — cobrou Coelho Neto.

— De fato, tive um baque econômico. Minha fortuna agora é de quatro mil-réis.

— E as tuas economias? — Aluísio esbravejou.

— Tinha bilhetes de loteria. Não deram nada.

11
capítulo

Aluísio e Coelho Neto descobriram que bem na casa ao lado da mansão da Santa Cristina um alemão alugava a sala da frente de sua casa, e mais um quarto, por 80$000, com café da manhã.

No dia seguinte já estavam alojados. Camas e lavatório no quarto; mesas, estantes e cadeiras na sala.

Finalmente Aluísio tinha tranquilidade para começar a revisão de *O mulato*.

O mulato foi publicado pela primeira vez no Maranhão em 1881, no período em que tratou do inventário do pai.

Tinha 23 anos quando o escreveu, dias e noites trancado no mirante da casa da mãe, na rua do Sol, 83, em São Luís.

Obra de combate, contra a Igreja católica, a escravidão e toda a hipocrisia que reinava nas relações sociais da província. Libelo positivista e republicano. Porém agora, sete anos depois, o texto lhe parecia dogmático demais. Na Corte, essas novas ideologias não precisavam ser *explicadas* e *divulgadas*, já eram *partilhadas* por todos os intelectuais.

E ele se tornou um escritor melhor. Evoluiu. *O mulato* ainda tinha um ranço romântico detestável que precisava ser expurgado.

O sucesso espantoso de *O homem* lhe trouxera algum dinheiro. E o *Bom Ladrão* pagaria 600$000 pela reedição de *O mulato*. Podia passar um ou dois meses concentrado, só revisando o romance.

Pegou na estante um exemplar da primeira edição.

Reler *O mulato* foi voltar no tempo.

Era seu segundo livro. Ele já havia publicado *Uma lágrima de mulher*. Uma xaropada romântica. Em abril de 1879 um tipógrafo de São Luís, José de Frias, imprimiu mil exemplares do pequeno volume de 160 páginas, vendido a 28$000 na sede do *Diário do Maranhão.*

Era o que o público queria e estava acostumado. *Uma lágrima de mulher* foi bem-aceito e lido. Porém, os críticos questionaram. Enredo romântico? Paixões e fatalidades? Cenários exóticos? Reviravoltas na trama? Donzela casta e herói impoluto? Como assim? O autor não vivia repudiando tudo isso em artigos incisivos contra o Romantismo n'*O Pensador* e no *Pacotilha*? Aluísio Azevedo não era o defensor mais intransigente do Naturalismo em São Luís? Não escrevera um artigo reconhecendo Zola como mestre absoluto?

O motivo para escrever *Uma lágrima de mulher*? Dinheiro, ora. Havia leitores para aquele tipo de literatura. Dane-se a coerência. Melhor que voltar a pintar defuntos. O jornalismo não dava o suficiente, o teatro muito menos, se não morasse com a mãe não tinha como sobreviver.

E introduzira elementos naturalistas na trama. O herói Miguel não era tão perfeito assim. E a heroína Rosalina? Tão pura... mas bastou conviver com a aristocracia de uma cidade grande para se aviltar *bem* rápido. Aquilo não era seguir a tese naturalista do *determinismo*, que diz que o meio influencia o comportamento do personagem? O público lia achando que era Romantismo, e sem sentir engolia pequenas porções de Naturalismo.

Mas a maior qualidade de *Uma lágrima de mulher* foi mesmo ter botado algum trocado no bolso do autor, para que pudesse se concentrar num romance, na medida do possível, verdadeiramente naturalista. *O mulato.*

O herói era mulato. Num país escravocrata, aquilo era muito bom.

O vilão era um padre. Perfeito. Realista. Como n'*O crime do padre Amaro*, de Eça de Queirós.

A história ter um vilão, e esse vilão ser totalmente mau, cruel, assassino, até podia ser uma escorregadela romântica, mas ele ser um padre era bem positivista e naturalista.

Porém, a trama ser uma história de amor impossível, entre um mulato e uma branca, era de um romantismo descarado. Grave.

Aluísio Azevedo pôs as mãos na cabeça, aflito, levantou da cadeira, fez um café, foi até a janela, ficou olhando a rua Santa Cristina, pensando: "*O mulato* tinha uma estrutura *muito* romântica".

Calma, também era bem naturalista. Havia um estudo minucioso do ambiente, o determinismo do meio social conduzindo as atitudes dos personagens, o peso da hereditariedade.

Não... Raimundo, o mulato, era praticamente um herói romântico sem defeitos.

Mas por outro lado a heroína, Ana Rosa, não era nenhuma santa donzela. Ela se entregava logo a Raimundo. Ficava até grávida!

Olhar por uma janela sempre o acalmava.

A manhã ia sossegada.

Não podia mexer na estrutura da trama nem nos personagens, o trato com a Garnier era só revisar, mas podia aparar os excessos românticos. Aparar *bem*.

Algumas paisagens, por exemplo, não estavam descritas com a devida objetividade científica. Pareciam páginas do José de Alencar.

Saiu para caminhar um pouco.

Subiu a rua Santa Cristina, em direção a Santa Teresa.

12
capítulo

O mulato. Sua juventude. São Luís do Maranhão, o dia a dia das firmas comerciais dos portugueses, os caixeiros, a alfândega, os armazéns do porto... Memórias que habitavam seu corpo. Cheiros, imagens, pessoas, histórias, linguagem. O Naturalismo daquele livro, antes de ser opção por escola literária, foi uma forma de expressão que brotou espontaneamente. O *meio* gritou mais alto que tudo.

A questão racial, por exemplo, estava por todo lado. Fazia parte do ambiente, penetrava nas casas como a maresia. A crueldade com os negros escravizados. As histórias de terror que ouviu desde menino.

O fazendeiro pegou a esposa na cama com um escravo. O negro foi morto, salgado e cozido, e a mulher obrigada a comê-lo.

A esposa do chefe do partido liberal, de uma das famílias mais importantes do Maranhão, matou um bebê escravo porque ele nasceu muito claro e ela suspeitou que fosse do marido.

Uma beata mandou arrancar os dentes de uma escrava porque seu marido os elogiou.

Uma senhora aleijou com palmatória sua escrava de ganho porque esta não vendeu todas as frutas do tabuleiro. A negra tinha 80 anos.

Enquanto caminhava, subindo a rua Santa Cristina, o passado voltava.

Os mulatos idiotizados presos ao tronco na prisão do Convento de Nossa Senhora do Carmo, sorrindo, loucos, desdentados, pedindo cigarros.

Aquele mundo estava n'*O mulato*, transmutado pela arte.

As matriarcas cruéis que, apesar de devotas, católicas, maltratavam barbaramente seus escravos.

Os mulatos estigmatizados pelas senhoras brancas, que viam neles a prova da traição de seus maridos com as negras.

O destino das filhas já traçado pelos pais. Os homens, acostumados ao despotismo no trato com os subalternos, assim também tratavam os filhos.

Suas ordens eram leis irrevogáveis, não havia possibilidade de contrariá-los, só falavam aos berros, como se tocassem bois.

Sua mãe havia sido vítima daquela sociedade ignorante, hedionda e hipócrita. Sentia um imenso orgulho pela força daquela mulher. A única esposa com coragem de abandonar o marido. Enfrentou uma cidade inteira e venceu.

Por que só ela? Por que outras mulheres não reagiam, não lutavam por sua liberdade? O meio. O determinismo. A Igreja católica. A educação das meninas vinha do clero. Trancadas em casa, saindo apenas para a missa, tornavam-se fanáticas, supersticiosas, só aparavam o cabelo no quarto crescente, não deixavam chinelo emborcado, não cortavam as unhas à noite, uivo de cão era mau agouro... A fisiologia cobrava. Acabavam doentes dos nervos. Não faziam exercícios. As paredes eram pintadas com tintas misturadas com chumbo, que provocava saturnismo, depressão. Abusavam do chá-verde e do café e tinham insônias. A moral. O romantismo. Apaixonavam-se pelo vizinho aos 13 anos, desiludiam-se aos 14, emagreciam aos 15, desejavam morrer aos 16, envelheciam aos 20, gordas, com os dentes podres de tanto compensar a falta de prazer comendo doces. Ou então se casavam aos 14 anos, mudavam de sobrado, trocavam a tirania do pai pela do marido e continuavam a ser inúteis, a viver com medo de tudo, do quarto escuro, dos trovões, das baratas, dos ratos, a jejuar nos dias santos e acreditar nos milagres da Virgem.

A Igreja ensinava a submissão e manipulava a alma das mulheres. O papel do confessor era saber o que se passava na mente delas e afastar as ideias de revolta e liberdade com os terrores do pecado e do inferno. Quando não as seduzia *fisicamente*, como fez o padre vilão de *O mulato* com a madrasta do herói.

Como sua mãe foi capaz de superar tudo aquilo? Que mulher admirável. Teve vontade de pegar o primeiro navio e ir lá, ajoelhar-se a seus pés!

Já a "heroína" do livro, não. Ana Rosa era uma personagem naturalista, sim. Cumpria o destino normal de todas as mulheres. Submetia-se, determinada pelo meio. Fez sexo com Raimundo não por afirmação feminina, nem por anseio de liberdade, mas por desvario, histeria, descontrole dos impulsos carnais. Sua entrega estava mais para a fisiologia do que para a paixão.

Precisava deixar isso ainda mais claro na revisão.

Chegou ao alto de Santa Teresa. Olhou a baía de Guanabara.

Caminhar organizava suas emoções.

A primeira edição de *O mulato* estava carregada de subjetividades, sentimentos, nostalgias. Precisava *limpar* um pouco aquilo. Faxina geral. Tirar a nódoa romântica. Mas era uma boa história, sim. Cheia de revolta.

Desceu a ladeira, animado.

13
capítulo

Ao voltar ao trabalho precisou limpar a ponta da pena de ganso, que na pressa de sair caminhando esqueceu com tinta e ressecou terrivelmente. Aquele trabalho manual besta conteve o ímpeto de começar a revisão e resultou na sábia lembrança de reler o livro de Émile Zola, *O romance experimental.*

Seria bom consultar aquele "manual de Naturalismo", escrito pelo papa do movimento.

Pegou-o na estante e foi estudá-lo no banco à sombra da mangueira, no quintal dos fundos.

Era um ensaio curto, publicado pela primeira vez, na França, em 1880. No mesmo ano em que Aluísio escrevia *O mulato.*

Zola era um entusiasmado. Tinha vitalidade na escrita, transmitia coragem e convicção. Seu texto era sempre lógico, claro e objetivo.

Naquelas páginas ele aproximava definitivamente literatura e ciência. O Positivismo e sua crença no progresso da ciência tinham naturalmente que chegar às artes. Naturalismo nada mais era que a arte adotando os métodos científicos de observação, investigação e experimentação.

Assim como os cientistas, os escritores também queriam se lançar à observação dos fenômenos do mundo natural, pesquisar o real, *descrever* com exatidão, documentar-se, ler tratados de Ciências Naturais, de Fisiologia, de Medicina, Darwin, Spencer, Comte...

O escritor naturalista devia abster-se de qualquer capricho pessoal, de toda crença religiosa, de todo pensamento metafísico, de toda abstração, e até da imaginação. Devia descrever o real com a objetividade do cientista, apoiado nas conquistas da ciência moderna. Devia escrever o seu romance como se estivesse fazendo uma experiência científica.

Sim, havia isso em *O mulato*! O ambiente e o material humano na São Luís de sua juventude estavam lá. Ele colhera os dados, analisara-os.

Trabalho intenso de investigação. Anotava tudo. Caminhava por todo lado, observava tipos, costumes, hábitos. Recolhia histórias.

Escolheu um comerciante próspero e redondo, seguiu sua rotina, conversou com ele, estudou sua linguagem, seus trejeitos, seus pensamentos, desenhou-o, recortou o desenho, colou em papelão, coloriu com aquarela, e ele virou o Manuel Pescada do romance.

As velhas beatas da história saíram todas de uma só: dona Ana Léger, uma senhora amiga de sua mãe. Aluísio anotou suas falas, seus trejeitos, seus preconceitos. Ela estava sempre falando mal da vida alheia, enredada numa teia de fofocas sem fim, coberta com xale, metendo o nariz em tudo, virgem crônica, católica fervorosa, vestia os anjos das procissões, ia à missa todos os dias, odiava o progresso.

— No meu tempo as meninas passavam as horas costurando. Se acabavam mais cedo, desmanchavam para continuar costurando. Agora o demônio criou a máquina de costura. É só "zuc-zuc-zuc" e pronto, lá vai a sirigaita pôr-se à janela, ou ler jornais e a indecência dos romances.

Mulher aprender a ler era "uma patifaria". Escravos deviam ser tratados com o máximo rigor.

— Antes eles tinham o que fazer! Mal serviam a janta iam acender os candeeiros, colocar mais azeite. Hoje é só acender o palitinho na bruxaria do bico de gás e depois cair na pândega. Já não há tarefa. Já não há cativeiro. É por isso que eles andam tão descarados. Chicote! Chicote até dizer basta! É o que eles precisam. Chicote até tirar sangue do lombo!

Desenhou-a, colou em papelão, coloriu... E dona Ana Léger tornou-se Maria Bárbara, a avó cruel de Ana Rosa.

A ciência experimental não deve se preocupar com o porquê das coisas. Ela quer apenas explicar o como — escreveu Zola.

O que interessava era a "causa próxima", e não a busca pela "causa primeira", como queria a religião e certas filosofias metafísicas, condenadas pelo Positivismo.

Deus era a "causa primeira"? Podia-se explicar toda a realidade usando Deus? Sim, mas isso não acarretou o progresso da humanidade, e sim o obscurantismo e o fanatismo.

Uma das "causas próximas" era o meio. O ambiente em volta do sujeito determinava condutas, crenças, pensamentos. O tal *determinismo*. Uma das bases do método naturalista.

Havia também as "causas próximas" da hereditariedade e da fisiologia.

E a *nefasta* leitura dos escritores românticos. Tão prejudicial quanto a varíola. A menina nunca encontraria aquele homem perfeito, com todas as qualidades que o Romantismo a fazia idealizar, e se veria obrigada a casar com o sacripanta do caixeiro da firma do pai. Acabava doente.

Além de observação e investigação, o Naturalismo também era experimentação, como explicava Zola. O escritor precisava colocar o personagem em determinadas situações e ver como ele se desenvolvia.

A Astronomia era uma ciência de observação, não se podia fazer experiências com os astros, porém o romance era mais parecido com Química. O químico podia agir sobre a natureza e modificá-la. Podia *experimentar* juntar dois, três, vários componentes num cadinho e ver no que ia dar. O observador constatava fenômenos. O experimentador os *provocava.*

O romance como tubo de ensaio. Personagens como elementos químicos. Determinadas paixões, agindo num certo meio, em certas circunstâncias, produziriam certos tipos de comportamentos.

O amor como fenômeno fisiológico. Como doença ou excreção. As mulheres não eram angelicais. Eram fêmeas.

O escritor devia tratar os corpos vivos dos amantes como cirurgiões.

O vício e a virtude eram produtos químicos, como o açúcar e o vitríolo.

Substituir o sentimento pela razão. A metafísica pela Física. O abstrato pelo concreto.

Zola:

> *O romance experimental é a literatura de nossa idade científica, como a literatura clássica e romântica correspondeu a uma idade escolástica e teológica.*
>
> *O homem metafísico está morto, todo o nosso terreno se transforma com o homem fisiológico.*

Aluísio fechou o livro.

Zola tinha o dom de restabelecer nele as convicções naturalistas. Fazia-o sentir-se um operário da causa.

Ao trabalho!

A casa continuava deserta. Uma araponga piou na amendoeira da rua Santa Cristina.

Voltou a sentar-se à mesa. Pilha de papel em branco, pena de ganso limpa, tinteiro cheio. Começou a cortar e a reescrever trechos, rasurando aquele exemplar da primeira edição.

Logo compreendeu que estava corrigindo não apenas o texto, mas também revisando a si mesmo, consertando seus pensamentos antigos, cortando ideias juvenis...

Aproveitou para retificar os erros.

Críticos e leitores, em 1881, haviam apontado vários problemas em relação a datas, mas Aluísio não quis dar o braço a torcer e culpou os tipógrafos.

Errou até na idade do protagonista. Raimundo chegar a São Luís com 26 anos não batia com várias outras referências a datas. A saída agora era não precisar a data de nascimento dele.

E a mãe de Ana Rosa? Morria em 1835 e a filha nascia em 1849.

14
capítulo

Por dias e noites releu *O mulato*, linha por linha, página por página, corrigindo, cortando, reescrevendo, trocando adjetivos, transformando cenas, descrevendo paisagens com mais sobriedade, limando lirismos.

Desfez incongruências terríveis. Raimundo chicoteava uma escrava. Como assim? Ele era o representante do bem, da modernidade, do Positivismo, da república. E mulato. E abolicionista.

E quantas páginas de franco Romantismo na primeira edição!

Páginas dignas das aventuras do Rocambole, de Ponson du Terrail.

Eliminar tudo aquilo era como tirar ervas daninhas de uma horta.

Passagens épicas. Parágrafos grandiloquentes. Chegava a citar Camões.

E o amanhecer daquela manhã de julho no início do capítulo VII?

> *Aparecem os primeiros ventos gerais, que, com a atividade de novos criados admitidos ao serviço da natureza e que desejam agradar a sua ama, varrem cuidadosamente durante a noite o tapete azul do céu [...] E, lá pela manhã, quando o patrão eterno abre a esplêndida pupila no horizonte. [...]*

O que era aquele hino à Natureza? Arrebatamento? Simbologia, mitificação da natureza, lirismo? O sol como "patrão eterno"? Quanta bobagem. A natureza não *inspirava*, ela *determinava* comportamentos.

Trabalheira.

Purgar a afetação romântica, as lamúrias, a pieguice, o sentimentalismo água com açúcar e a futilidade da emoção exacerbada. Penachos a cortar e buracos românticos a obturar.

Evoluiu muito como escritor, estudou, sabia muito mais, agora morava na Corte, era *cosmopolita*. Podia fundamentar melhor cientificamente o comportamento dos personagens.

E cortar dogmatismos e excessos.

O protagonista Raimundo era positivista *demais*. Em tudo e a todos queria transmitir a filosofia de Auguste Comte. Até a paixão para ele virava um tratado de Biologia. Ao mesmo tempo que a amava, *auscultava há meses, com interesse de amigo, a constituição médica de Ana Rosa e descobrira-lhe [...] os reclamos de seus órgãos ociosos, por isso que calculara a diátese nervosa [...].* O amor para ele podia ser combatido com exercícios e água fria.

Coisas assim levavam o Naturalismo ao ridículo.

Pelo menos na cama podia se permitir um pouco de Romantismo. Não tinha graça beijar pensando na fisiologia da língua, ou na composição química da saliva.

— Naturalismo tem hora.

Que Zola não o escutasse.

Anticlericalismo também *demais*.

Raimundo estava coberto de razão ao combater a Igreja, mas Aluísio precisava enfiar no romance *vinte* páginas de um monólogo do herói criticando o clero? E aproveitar e enfileirar elogios ao Positivismo, críticas ao imperador, um manifesto a favor do ensino público e uma defesa da abolição da escravatura?

Tudo bem que *O mulato* era um livro de combate, mas não precisava lutar também contra a paciência do leitor.

As vinte páginas da primeira edição virariam sete linhas na segunda.

Alguns trechos, longos, eram transcrições de artigos que escreveu nos jornais de São Luís. Os críticos e amigos tiveram a gentileza de fingir não reconhecer. Cortou todos. Cortou também os insultos diretos ao Maranhão, como *província de borra* e outros, porque queria vender a nova edição por lá também.

Ser editado pela Garnier significava projeção nacional.

Às vezes se desesperava. Tantos trechos, situações, personagens e intrigas românticas que se cortasse tudo o romance acabaria virando um soneto.

> *A aurora produzia por conseguinte o efeito de uma criança loira, rosada, cheia de sorrisos descuidados e de estremecimento vitais.*
>
> *Raimundo parou ao lado de Ana Rosa, sem poder conter o entusiasmo — Veja, prima, como é belo tudo isso!*

Se fossem apenas esses arroubos epicuristas, esses quadros campestres idílicos dignos do Arcadismo... mas havia impulsos românticos em tudo. Pipocavam como catapora por todo o corpo da obra.

Ambientes soturnos para impressionar o leitor, névoas, cantos de pássaros agourentos, como um conto de terror de Hoffmann.

Cenas de paixão metafísica, sem menção alguma à fisiologia.

Herói fazendo planos para raptar donzela!

Foi à cozinha preparar um café.

Fazer o quê? Tinha de podar galhos, mas não a ponto de matar a árvore. Não podia apresentar um *outro* livro à Garnier.

E afinal *O mulato* foi considerado uma obra naturalista, não foi? Muito de naturalista ele devia ter. Era o painel de uma cidade, de um meio social específico. O meio estava todo o tempo determinando a conduta dos personagens, não estava?

São Luís era um personagem. Isso era Naturalismo!

E o determinismo climático? Estava muito bem colocado. O calor tropical todo o tempo oprimindo os habitantes, as atividades, as mentes. O calor onipresente, fazendo parte do meio, como os fardos de algodão e a compota de murici.

As primeiras linhas já deixavam isso claro:

> *Era um dia abafadiço e aborrecido.*
>
> *A cidade de S. Luís do Maranhão parecia adormecida em um forno quente — as paredes tinham reverberações argentinas; as pedras das ruas escaldavam; as vidraças faiscavam ao sol, como enormes diamantes; as folhas das árvores nem se mexiam [...].*

Certo.

— E se me acusarem de ter criado um personagem e uma trama irreais, jogo na cara deles que o grande Gonçalves Dias, no mesmo Maranhão, viveu uma paixão igual à de Raimundo, e teve sua mão recusada por ser mulato.

E o final? Esquecera? O final era a maior prova de suas boas intenções naturalistas!

Um final cruel, cínico, bem *real*, em que tudo se ajeitava, tudo se harmonizava, hipocritamente. Tudo se conformava sob a pressão da estrutura social burguesa, que esmagava as tentativas de mudança que a ameaçavam.

Sim. Aquele final merecia que ele fizesse as pazes com *O mulato*. Era um bom livro. Havia doses de Romantismo nele? Sim! Que se dane.

Dali a cem anos, se ainda estiver sendo lido, talvez os críticos concluam que *O mulato* marcou justamente a transição entre o Romantismo e o Naturalismo.

Estarão certos.

15
capítulo

A revisão de *O mulato* continuou. Disciplina. Acordar com o canto do galo, atravessar manhãs e tardes trabalhando, e à noite, insone, levantar para cortar uma frase sentimental demais, substituir um adjetivo por outro mais sóbrio, lembrar de uma causa fisiológica mais correta para uma crise histérica de Ana Rosa...

Esforço tão intenso que chegou a afastá-lo dos amigos, da boemia e da realidade.

Coelho Neto começou a irritá-lo. Queria sossego, concentração absoluta, e o conterrâneo, apaixonado insanamente por Carlota, filha do dono da casa, falava nela sem parar e recitava para Aluísio os sonetos de amor que compunha mas não tinha coragem de mostrar.

Bastava a filha do alemão sorrir-lhe, num cumprimento banal, e lá ia o infeliz tratar de expressar sua maldita alma romântica no papel. Coisas como *sentira um frêmito percorrer-lhe o corpo, que vibrou de amor*, ou *salve minha amada, casta e pura*. Um inferno. Chegou a ficar doente de amor. Passou dias desfigurado, pálido, olhos cavos, como um maldito poeta romântico.

Aluísio decidiu mudar-se. E morar sozinho.

Procurou um quarto distante do Centro. Encontrou um sótão isolado e instalou-se, disposto a se fechar ao mundo.

Na solidão do sótão terminou afinal a revisão de *O mulato*.

Mergulho profundo no passado. São Luís... Tantos anos depois a energia e coragem daquele Aluísio jovem lhe pareceram admiráveis. E bastante insensatas.

Publicar um livro naturalista no Maranhão carecia no mínimo de sentido. Os leitores de romances brasileiros por lá não encheriam dois bondes.

Se jornais diários, semanários e publicações mensais, todos juntos, não chegavam a vender 8 mil exemplares por mês, era de se imaginar a parcela ínfima de leitores existente para um romance, ainda mais naturalista. Pouquíssimos intelectuais sabiam o que era aquilo.

O Naturalismo em São Luís era mais seita esotérica que estilo literário. Porém Aluísio tinha resolvido *agir*.

O mulato foi impresso na tipografia do jornal *O País*. Saiu em 9 de abril de 1881. Meses antes ele já fazia propaganda. Em janeiro começou a escrever artigos para os jornais, sob pseudônimo, anunciando o livro que sairia em breve. *Um libelo contundente dos livres-pensadores contra a Igreja e o clero! Um romance que delatará os abusos religiosos que se dão nesta cidade!*

Os artigos traziam antecipações misteriosas e "realistas", tratando o protagonista como um sujeito de carne e osso: *O distinto advogado Raimundo da Silva chegará em breve a São Luís do Maranhão, trazendo novas ideias e disposto a combater os desmandos da Igreja.*

Criou cartazes de propaganda. Varou noites debruçado em folhas de zinco, com cinzel em vez de pena, desenhando chapas para as gravuras que colou em todos os cantos da cidade, postes, muros, fachadas de casas comerciais e residências, a ponto de o jornal católico *Civilização* pedir providências à polícia e reclamar da *indiferença de nossos fiscais, deixando que aquele pobre rabiscador de romances torpes sujasse os edifícios desta cidade com o nome de seu romance ainda mais sujo.*

Fez milhares de panfletos, que os moleques de rua distribuíram em todos os lugares, apregoando a iminente publicação de *O mulato*!

Para aumentar a indignação e o escândalo na pacata província, cartazes e panfletos traziam ilustrações dos personagens, que se pareciam muito com moradores ilustres da cidade. O malévolo vilão, padre Diogo, por exemplo, era a cara do digníssimo prelado Mourão Guedelha, redator do *Civilização*.

E afinal Aluísio lançou seu livro!

Foi disparado o petardo. Impacto. Grande alvoroço.

Saiu ontem O mulato *do nosso festejado cronista Aluísio Azevedo! Quem quiser conhecer o cônego Diogo agora é a ocasião. Vende-se no nosso escritório, à rua da Palma*, estampou *O Pensador* na primeira página.

O povo acorreu em massa à sede do jornal. Em poucos dias o grosso volume in-oitavo, de quase quinhentas páginas, praticamente esgotou a edição de mil exemplares.

A bomba explodiu no meio da sociedade conservadora e preconceituosa. Desafio a uma cidade inteira. Subversão! O Naturalismo de Aluísio, mais que uma escola literária, era uma arma. As elites se viram cruelmente atingidas. Ultrajadas. Ridicularizadas. Ferro em brasa nas feridas.

Reconheciam-se.

O personagem frei Lamparinas era o cantor de ladainhas da igreja dos Remédios. As moças burguesas eram Ana Rosa. Os comerciantes portugueses eram todos Manuel Pescada. Padre Diogo? Uma carapuça que servia na maioria do clero. Luís Dias? Todo o caixeiro medíocre e arrivista. *[...] econômico até a miséria, desleixado até a porcaria, Dias era um tipo repugnante e antipático.* Raimundo? Ah, esse era o próprio Aluísio, e todos os rapazes de bigode de seu círculo, missionários da nova fé que substituiria a religião e as superstições: o Positivismo.

São Luís estava dentro do livro, os personagens movimentavam-se como se estivessem nas ruas. Odiaram o autor. Na crítica do *Civilização* saíram frases do tipo: *Eis aí um romance realista, o primeiro pepino que brota no Brasil... É muita audácia, ou muita ignorância, ou ambas as coisas ao mesmo tempo... Melhor seria fechar os livros e ir plantar batatas... O autor devia abandonar essa vidinha peralvilha de escrevinhadelas tolas... Vá para a foice e o machado!... À lavoura, meu estúpido!*

Dona Ana Léger, amiga da família havia década, rompeu relações com os Azevedo. O livro *revelava* o que beatas fofoqueiras como ela conversavam nos serões, o que pensavam sobre o casamento, as doenças, os remédios. Mostrava o preconceito, a crueldade contra os negros escravizados, os hábitos, as superstições...

A capacidade descritiva de Aluísio espantou a todos: expunha em detalhes assombrosos o lado podre e perverso daquela vida provinciana. *"Um iconoclasta que questionava até Deus!"*

Porém tudo teria ficado restrito à diatribe de um jovem escritor provinciano se *O mulato* não ganhasse boa repercussão na Corte. Críticos literários, que publicavam seus artigos nos jornais do Rio de Janeiro, tinham o poder de afirmar e difundir os livros por todo o Brasil. Sem o aval deles, nenhum autor alcançava a notoriedade. Para ser reconhecido nacionalmente, o artista precisava se destacar na Capital. E isso aconteceu.

Quinze dias depois do lançamento em São Luís, cem exemplares de *O mulato* desembarcavam na Corte, endereçados aos intelectuais mais eminentes. Logo começaram a sair críticas muito favoráveis, em jornais importantes como *Gazeta de Notícias, Gazeta da Tarde* e *Jornal do Comércio.*

Recebeu elogios dos maiores críticos do Brasil, como Urbano Duarte, Sílvio Romero e Capistrano de Abreu.

Os amigos, e principalmente seu irmão, também se encarregaram de divulgar e enaltecer o livro na Capital.

A *Gazeta da Tarde*, onde Artur Azevedo trabalhava, abriu bastante espaço para *O mulato... Primícias de um grande talento... Obra de arte que entusiasma como obra de propaganda... Páginas de um grande valor descritivo... Diálogos travados com naturalidade...*

Urbano Duarte, considerado o intelectual que mais entendia o Naturalismo, lançou a frase que ficou famosa: *Romancista ao Norte!*

No entanto, o livro não foi recebido na Corte como denúncia contra os desmandos do clero, nem ideário positivista, e sim peça de propaganda abolicionista.

O anticlericalismo não era tão importante numa sociedade cosmopolita e esclarecida. A Igreja não tinha na Capital o mesmo poder que nas províncias. Havia tempos ali já se discutia abertamente o casamento civil, a liberdade religiosa, a separação entre religião e Estado...

A religião perdia força entre as elites. Doutrinas laicas chegavam da Europa sem parar: Positivismo, Materialismo, Darwinismo, Republicanismo... Acuada, a Igreja piorava sua situação publicando encíclicas condenando a liberdade de consciência, repudiando o liberalismo e o progresso, pregando a infalibilidade do papa.

Em compensação, a campanha abolicionista era muito forte entre os intelectuais e *O mulato* foi considerado uma obra de tese a favor da democracia multirracial.

Mulato era o *símbolo* da mistura de raças.

O mulato tornou-se um libelo antiescravagista por trechos contundentes como:

> *Onde está a religião desses miseráveis que se dizem cristãos e vendem seu semelhante como os judeus venderam Cristo?*
>
> *[...] Quais seriam os conselhos que daria a um escravo? Dizia-lhe:*
>
> *— Não sejas covarde! não sejas tolo! Quando um homem que se diz teu senhor for-te ao pelo, responde-lhe com uma bofetada e cospe-lhe nas ventas.*
>
> *[...] Foge! e manda o teu senhor pentear macacos!...*
>
> *[...] enterra-lhe dois palmos de ferro na barriga. Mata-o!*

16
capítulo

1881. Em São Luís do Maranhão, o sucesso literário de *O mulato* na Corte fez Aluísio se perguntar:

— O que estou fazendo aqui?

A questão do inventário do pai tinha sido resolvida e a mãe e os irmãos se encontravam amparados. A venda de *O mulato* lhe trouxera afinal algum dinheiro, podia comprar uma passagem de navio e ainda sobrava algum para sobreviver aos primeiros tempos na Corte.

Uma volta triunfante. Agora autor de um livro de sucesso.

Outro argumento importante para ir embora do Maranhão: temia ser assassinado.

Por onde passava era apontado por indivíduos suspeitos. Grande parte da cidade o odiava, os devotos se enfureciam com ele, beatas fugiam fazendo o sinal da cruz. Consideravam-no um pervertido, ligado a Satanás, capaz de corromper os puros.

Não seria surpresa ser atingido por uma bala na calada da noite e terminar como o próprio personagem, Raimundo.

Comprou uma passagem para o final de agosto.

Mas perdeu o navio porque acabou trancado na casa de uma amante.

Quando Aluísio afinal ganhou a rua, disparou para casa. Mas não dava mais tempo. Ouviu o apito do vapor! Enfiou-se na cama às pressas, fingiu dormir e, quando sua mãe veio acordá-lo, alegou forte gripe, mal-estar. Perdeu a viagem.

Sua última crônica publicada em São Luís saiu no dia 30 de agosto de 1881: *[...] fiquei para seguir no outro vapor, preso a essa boa província pela garganta, que entendeu de adoecer ultimamente.*

Zarpou afinal no vapor Espírito Santo, no dia 7 de setembro de 1881. Partia para sempre do Maranhão.

Quando o barco passou em frente à Ponta de Areia e os canhões do velho forte dispararam, era a *sua* Independência que ele comemorava.

De volta à Capital Federal!

Foi morar com o irmão Artur Azevedo na rua Cardoso Júnior, em Laranjeiras.

Artur havia lançado um jornal chamado *Gazetinha*, a dois vinténs, e colocou o irmão como redator, com um salário de 40$000.

Uma miséria, um tipógrafo ganhava três vezes mais, mas essa quantia era exatamente a parte que cabia a Aluísio para o aluguel da casa da Cardoso Júnior, assim Artur garantia o pagamento.

O jornal, de quatro páginas, era diário, com escritório, redação e tipografia na rua do Rosário, numa casa baixa, sem ar e encardida.

No térreo, na frente, um balcão com grades para receber as assinaturas; nos fundos, a tipografia; no andar de cima, cubículos apertados para os redatores.

Não havia sala de espera, nem secretários. Qualquer um podia entrar, como na própria casa, e falar e incomodar quem estivesse trabalhando.

Aluísio era o encarregado de quase tudo: escrevia o artigo de fundo, a crônica do dia, lia o que seria publicado atrás de erros ortográficos, gerenciava a administração, cuidava do caixa, recebia a receita.

Artur, redator-literário, traduzia os folhetins franceses que apareciam no rodapé. Um dia, na primeira página, veio a notícia: *O folhetim que hoje publicamos na nossa segunda página é o prólogo de um belo romance brasileiro, que recomendamos aos nossos leitores.*

Foi a estreia de Aluísio Azevedo como escritor de folhetins: *Memórias de um condenado*. Um capítulo por dia.

Grande sucesso!

O começo de uma longa série.

Aluísio descobriu uma maneira de ganhar o pão. Porém os leitores queriam Romantismo. Se os contrariasse, não venderia jornal.

Depois de *O mulato* e de todos os artigos contra o Romantismo, na expectativa do próximo romance, os críticos se desiludiram ao ver sair da pena de Aluísio um *Memórias de um condenado*. Mas ele não era um diletante, não tinha emprego público nem outra fonte de renda, escrevia para comer.

E não podia parar. Depois do êxito do primeiro, nova encomenda, outro folhetim, dessa vez para a *Folha Nova*: *Mistério da Tijuca*. Os leitores queriam enredos complicados, amores impossíveis, mortes, intrigas, vítimas da virtude, vilões.

O *Gazetinha* fechou. Os folhetins tornaram-se sua única fonte de renda, mas ganhava menos de 0$100 por linha. Tinha de morar, comer e "pôr-se em dia": alfaiate, sapateiro, roupa de baixo, pagar a si mesmo um bom jantar e todas as dívidas. Não sobrava nada. Cavava mais folhetins.

Mistério da Tijuca foi novo sucesso, puxou para cima as vendas da *Folha Nova*, que encomendou outro. Ele estava farto de romantismos. Pediu emprego ao deputado Afonso Celso. Não conseguiu. Teve de se submeter. Mas precisava escrever algo que o empolgasse, que tivesse pelo menos alguns traços *realistas*.

A solução estava na sua frente, todos os dias. Os jornais. Pode haver algo mais realista que fatos jornalísticos? Émile Zola também não transformava em ficção os acontecimentos cotidianos?

Para o folhetim seguinte Aluísio tirou uma história do próprio noticiário dos jornais, um acontecimento que mobilizara o Rio de Janeiro na primeira vez que morou ali. Um emocionante caso de polícia que ficou conhecido como a "Questão Cipriano", envolvendo dois jovens estudantes da escola Politécnica: um seduziu a irmã do outro e este o matou a tiros, na rua.

Toda a trama se passava numa pensão, ambiente que Aluísio conhecia muito bem. A pesquisa naturalista estava pronta. Era uma história romântica, havia morte, questões de honra, sedução, paixão... porém Aluísio podia enganar os leitores introduzindo características naturalistas.

A moça não seria uma jovem donzela pura, e sim uma vigarista de olho no dinheiro do estudante. E ela seria assim devido a hereditariedade.

O estudante assassinado não seria um herói romântico apaixonado, disposto a perder a vida pelo seu amor, e sim um jovem cínico pronto a comprar as mulheres com seu dinheiro. E ele seria assim por causa da educação burguesa recebida do pai.

O irmão da moça seria outro tipo execrável, que vivia às custas da vítima.

O novo folhetim o entusiasmou. Recortou e pintou em cartolina os bonecos dos personagens principais, visitou pensões, anotou tudo que viu e ouviu. Espalhou os bonecos sobre a mesa e os movimentou à medida que desenvolvia o enredo.

Concentrou-se tanto no trabalho que precisou trocar a haste da pena por uma pluma, porque a haste fina de madrepérola feriu-lhe o ouvido, de tanto que, distraído, a enfiou lá dentro.

O folhetim chamou-se *Casa de pensão*, e foi um triunfo retumbante! Lançado em livro, um ano depois, esgotou três edições rapidamente.

Também tentou ganhar dinheiro com teatro.

O irmão o convidou para compor com ele uma peça. Escreveram juntos *Casa de Orates*, comédia. Fracasso. Apenas seis apresentações.

Repetiram a parceria numa opereta em três atos chamada *Flor-de-lis*, encenada no teatro Sant'Anna, no final de 1882. Novo fracasso.

A família imperial foi à estreia. A imperatriz ficou chocada com certas cenas "escabrosas e imorais" e foi embora no final do primeiro ato, levando o imperador. A peça saiu de cartaz.

Insistiu. Os empresários pagavam pouco, 10$000 por ato, mas sempre ajudava. Adaptou *O mulato* para os palcos, acentuando o caráter abolicionista do livro, e afinal deu certo: oitenta e quatro apresentações, a 30$000 cada!

17
capítulo

No entanto o problema continuava, agora como dramaturgo. Ele queria fazer um teatro "sério", dramático, naturalista, positivista, mas o público queria operetas, truques de mágicas, quiproquós e comédias. Como exigiu Heller, o diretor do teatro Sant'Anna: coplas, jongos, negros com maracás e tambores, danças...

Não se submeteu. Já bastava aviltar-se nos folhetins.

Depois de *Casa de pensão*, o folhetim *Filomena Borges* foi encomendado pela *Gazeta de Notícias*. A seguir, *O Coruja*, para o rodapé de *O País*. Os folhetins se sucediam e tornavam-se grandes sucessos, acabavam virando livros, edições populares de 1$000, ou ofertas aos assinantes dos jornais.

Fazia também cenários e figurinos para teatro, vendia contos, crônicas, sonetos e aceitava cargos de redator mal pago em jornais e revistas.

A cada folhetim, dissimuladamente, mais Aluísio ia se aproximando de seu ideal literário, o Naturalismo. Porém não se resignava àquele tipo de sucesso. Almejava o Naturalismo puro. Ser o Zola brasileiro.

Com o irmão, acabou morando pouco tempo. As brigas de Artur com sua primeira mulher tornavam a vida na rua Cardoso Júnior insuportável.

Começou o périplo por pensões e casas de cômodos, como a em que Coelho Neto o encontrou, nos fundos do Campo de Santana.

Para desacreditá-lo em São Luís, os padres espalhavam pela cidade que Aluísio vivia na Corte como engraxate e vagabundo, dormindo nas ruas.

Ele precisava escrever para a mãe, desmentindo, exagerando... *moro num magnífico chalé... há uma sala toda enfeitada... estátuas que valem mais de 200$000, de Dante, Ariosto... gravuras inglesas nas paredes... bustos em mármore de Lord Byron, Mozart, Victor Hugo e Auguste Comte... alcova* *com cama, cômoda, criado-mudo, cabide e toucador... escritório com mesa de trabalho e estantes de livros... sala de jantar com mesa e guarda-louça... quintal com banheiro de chuva e latrina inglesa... engomadeira, criado chamado Manuel e comida a 90$000 por mês...*

Mas algumas cartas eram desabafos verdadeiros... *desgraçada terra é esta a nossa que quando um homem não é empregado público, nem comerciante, nem traficante de negros, ou coisa que valha, não pode ser considerado um homem independente. [...] eu sou o único romancista que trabalha todos os dias no Rio de Janeiro, para se poder julgar que tenho uma posição, um nome, uma individualidade. Aqui sou o único homem da geração moderna que nunca está doente, que nunca falha e que trabalha para três ou quatro jornais ao mesmo tempo. E ainda se pergunta como vivo! Vivo de trabalho! Não escrevo circulares e ofícios numa secretaria, não meço chitas num balcão, mas arranco folhetins da cabeça, imaginando... Não dependo de ninguém! Absolutamente de ninguém! Nem do Governo, nem do comércio, nem da lavoura. Só dependo de mim mesmo.*

O sucesso de vendas de *O homem* continuou: três edições vendidas. Seis mil exemplares!

1888. Uma nova proposta da Garnier: além de *O mulato*, pagariam também por novas edições de *Casa de pensão*, *O Coruja* e *O homem*!

Aquilo era o *reconhecimento.*

Não era apenas pelo dinheiro. Na realidade, receberia pelas primeiras edições quantias que durariam alguns meses, e então a Garnier continuaria a imprimir seus livros sem pagar mais direito algum.

O guarani vendeu muito, em todo o Brasil, e José de Alencar só ganhou 400$000 da Garnier pela primeira edição. Machado de Assis foi obrigado a aceitar 600$000 pela edição de mil exemplares de *Helena*. E Machado era um dos mais bem pagos escritores.

Não, não era o dinheiro. Era o prestígio. Ter quatro livros publicados pela maior editora do Brasil seria a consagração. Chegaria ao nível de um Machado de Assis e de um José de Alencar!

Pobre, mas *reconhecido.*

Um escritor.

Pois agora se dedicaria a escrever uma obra naturalista de verdade!

Revisar *O mulato* e reler *O romance experimental* foram bons exercícios de estilo naturalista. O dinheiro das reedições contratadas pela Garnier o sustentaria por um tempo. O sótão era um bom lugar para trabalhar. Silencioso e isolado.

Com *O mulato* entregue, começou a revisar também os outros três.

Como todos os folhetins, escritos às pressas, padeciam de descuido, desatenção e erros gramaticais e tipográficos. Mas Aluísio orgulhava-se deles. Sim, tinham muitos artifícios românticos, golpes de sorte, personagens enriquecendo ou se arruinando, suicídios, mortes súbitas, mistérios, peripécias... mas todos traziam contundentes críticas sociais. Não eram simples distrações. Atacavam a política, a religião, os negócios fraudulentos, a sociedade burguesa e a aristocracia daquele império decadente e colonizado.

E divulgavam o Positivismo. Em vários trechos de *O Coruja*, por exemplo, o protagonista sonha em *[...] montar um colégio seu, perfeitamente seu, feito como ele entendia, uma casa de educação, um colégio sem castigos corporais [...]*. Aluísio procurava fortalecer a campanha de renovação pedagógica proposta por Rui Barbosa, nos moldes positivistas: educação laica, obrigatória e gratuita. E enfiou aquilo dentro de um folhetim romântico!

Incorporou também a *verdade* sobre o que movia as elites: dinheiro, ascensão social a qualquer custo, vilania, demagogia, compadrio!

Sim, havia o artifício romântico do confronto entre personagens bons e maus... mas os bons eram sempre *vítimas* dos maus. Ao contrário dos finais românticos, nos folhetins de Aluísio a virtude saía *derrotada*, o mal vencia, os bons eram esmagados pela ambição sem escrúpulos. Porque era isso que acontecia na vida real!

As mocinhas liam um folhetim daqueles achando que estavam se distraindo, fugindo da realidade, mas estavam é *mergulhando* nela.

Em todos os folhetins introduzia elementos naturalistas. Histeria, alcoolismo, hereditariedade, loucura, perturbações sexuais, ambição por dinheiro, vícios, influência do meio, defeitos morais provocados pela educação... Estava tudo lá, disfarçado, coberto por um manto de estilo romântico.

Porém agora havia chegado a hora de escrever um romance *absolutamente* naturalista. Sem concessões.

A Garnier forneceria os recursos.

Ele cortaria as despesas, viveria sozinho, isolado, concentrado no futuro livro, aparte o mais possível da agitação e da pândega. Sim, era o momento. O grande livro naturalista!

18

capítulo

A disposição de escrever o romance absolutamente naturalista, sem concessões ao Romantismo, era enorme. Vinha pensando nele havia anos. Já até esboçara um projeto. Tirou as pastas da estante e as abriu sobre a mesa.

Ali estava o recorte amarelado de um artigo para *A Semana*, de 31 de outubro de 1885, assinado por A. R., que na verdade era ele mesmo:

> *A obra que preocupa, agora, o espírito do nosso romancista e será talvez o seu trabalho de maior fôlego tem por título "Brasileiros antigos e modernos" e consta de cinco livros, do tamanho cada um de* Casa de pensão, *a saber:* O cortiço, A família brasileira, O felizardo, A loureira, A bola preta. *Esta obra, unida por uma teia central [...], principia no tempo da independência [...] começa em 1820 e acaba em 1887. [...] Aluísio tenciona pintar cinco épocas distintas, durante as quais o Brasil se vai transformando até chegar ou a um completo desmoronamento político e social, ou a uma completa regeneração de costumes impostos pela revolução.*
>
> *O primeiro romance,* O cortiço, *faz-nos ver um colono analfabeto, que de Portugal vem com a mulher trabalhar no Brasil trazendo consigo uma filhinha de dois anos. Essa criança vem a ser a menina do cortiço, um dos tipos mais acentuados da obra, o qual será ligado a um tipo novo, o tipo do vendeiro amancebado com a preta.*
> *O colono deixa a mulher por uma mulatinha [...].*

O artigo seguia resumindo os enredos dos outros quatro romances, até a conclusão, no último parágrafo:

As intenções literárias do nosso incansável romancista, concebendo obra de tamanho fôlego, é legar à geração que nos suceda uma cópia fiel dos fatos políticos e sociais, representados nos personagens que terão fatalmente de desaparecer com o reinado do senhor dom Pedro II. Ele quer reunir numa só obra todos os tipos brasileiros, bons ou maus, do seu tempo, e compendiar em forma de romance, todos os fatos de nossa vida pública, que jamais serão apresentados pela história.

Três anos atrás, exasperado com as encomendas para os folhetins românticos, traçara aquele projeto literário ambicioso. Em cinco livros, expor a sociedade do Império, suas leis sociais, seus costumes, seus conflitos.

Cada livro traria uma trama autônoma, poderia ser lido separadamente, mas juntos constituiriam um vasto painel da vida na Capital Federal, desde as vésperas da Independência até os dias atuais.

A inspiração, claro, vinha de seu mestre, Émile Zola.

Em 1871 Zola publicou *A fortuna dos Rougon* e anunciou seu grande projeto literário, um ciclo de romances denominado *Os Rougon-Macquart,* com o subtítulo *História natural e social de uma família sob o Segundo Império.* Prometeu uma vastíssima sequência, vinte volumes, em que traçaria a decadência de uma família francesa, os Rougon-Macquart, nos anos que se seguiriam.

E vinha cumprindo a promessa.

Aluísio acompanhava cada novo livro da série como um devoto ouvia o sermão de um mestre. Lia-os em francês assim que chegavam à Livraria Garnier. Depois do primeiro vieram *O rega-bofe, O ventre de Paris, A conquista de Plassans, O pecado do padre Mouret, Sua excelência Eugênio Rougon, A taberna, Uma página de amor, Naná* e outros... até o deslumbramento total, com *Germinal,* lançado em 1885.

Naquele mesmo ano Aluísio escreveu o artigo para *A Semana,* prometendo aos leitores sua "versão nacional" de *Os Rougon-Macquart.*

Pronto. Estava decidido. Começaria afinal o seu ciclo romanesco *Brasileiros antigos e modernos.* Cinco livros: *O cortiço, A família brasileira, O felizardo, A loureira* e *A bola preta.*

Ficou olhando para as infiltrações da chuva no teto.

O cortiço.

O primeiro livro da série.

Já havia um esboço.

Duas famílias, vizinhas, cada uma representando uma classe social, uma proletária e outra burguesa. A burguesa em sua mansão. A proletária, num cortiço.

Imigrantes portugueses, italianos... chegando para se misturar com negros, mulatos, índios, brancos. Onde isso se dava com mais força? Que panela fervia esse caldo?

Romance experimental: os personagens seriam componentes químicos jogados no grande cadinho de um cortiço.

A ideia de usar um cortiço como lugar de experimentação o empolgava desde antes de 1885.

O Rio de Janeiro era uma cidade dividida. A elite endinheirada vivia como a europeia, circulando pela rua do Ouvidor, com suas lojas de produtos importados, restaurantes finos, passeios à serra, aos teatros, aos palacetes em Botafogo, a Santa Teresa, Tijuca e São Cristóvão. As multidões de trabalhadores que mantinham essa "alta sociedade" enchiam os subúrbios, os arredores do Centro e os cortiços.

Na mesma pasta do artigo para *A Semana*, havia o recorte de uma matéria de 1876, da *Gazeta de Notícias*, sobre as condições miseráveis dos cortiços: *[...] Dentro desta cidade em que estamos, há outras pequenas cidades que ninguém vê, a não ser os seus moradores. [...] É aí o cortiço. Fechado por todos os lados, só penetra dentro dele o ar que nenhuma brisa altera nem agita, o ar preso ao solo pelos miasmas que dele sobem. O trabalhador quando se recolhe ali, cheio de cansaço, ofegante ainda, com o corpo inundado de suor, mete-se num pequeníssimo quarto com mais cinco ou seis companheiros, em idêntico estado, e adormecem envolvidos em miasmas, formando em torno de si um ar viciado e pestilento [...]. E esses cortiços não os vemos nós, e muitas autoridades não os conhecem [...] "cidade oculta" [...].*

Aluísio vinha juntando material sobre o assunto havia tempo. Em fevereiro de 1884 a mesma *Gazeta de Notícias* estampara uma série de reportagens. Os recortes estavam ali, em outra pasta.

Para escrever *O ventre de Paris*, Zola penetrou nos subterrâneos da cidade, arriscou-se nas catacumbas sob as ruas. Para *Naná*, meteu-se nos bairros de prostituição, entrevistou mulheres em bordéis, explorou camarins de teatros. Para *A taberna*, frequentou os bairros operários de Paris, os cortiços, os lugares onde os trabalhadores bebiam.

Para *Germinal*, percorreu as regiões mineiras da França, entrou nas galerias, disfarçou-se de mineiro, morou com eles.

Aluísio tinha bastante documentação sobre os cortiços naquelas pastas. As observações estavam anotadas em cadernos. Só faltava criar os personagens e começar a *experimentação*.

19
capítulo

Boa parte daquela documentação tinha sido usada para escrever *O homem*.

Em *O homem* havia muitas das ideias originais de *O cortiço*, como a contraposição entre a próspera família burguesa e os operários de uma pedreira em Botafogo.

Aluísio havia frequentado aquela pedreira, conversado com cavouqueiros, disfarçado de operário, em mangas de camisa e tamancos. Os operários da pedreira moravam em um cortiço ao lado, onde Aluísio alugara um quartinho, e de onde saíra fugido, ameaçado pelo navalhista Gustavão.

Estava tudo anotado. Podia usar a pedreira e o cortiço de Botafogo novamente. Nada o impedia de utilizar o mesmo cenário para o novo romance. O assunto seria totalmente diferente.

O homem acabou muito mais um estudo sobre a histeria feminina causada pela repressão sexual, culpa da educação católica das meninas e da leitura de livros românticos, do que sobre as relações sociais entre o proletariado e a burguesia, como seria o caso de *O cortiço*.

Sem falar que toda aquela pesquisa já pronta adiantava bastante o serviço. Tinha de ser realista *mesmo*, seu dinheiro não ia durar muito. Por mais que poupasse, só o aluguel mensal e as refeições já drenavam suas economias dramaticamente.

Então um fato inesperado trouxe-lhe alento: José do Patrocínio abriu um restaurante para fornecer comida grátis aos jornalistas!

Ficava na própria redação do jornal abolicionista recém-fundado por ele, o *Cidade do Rio*. Aluísio, que colaborava escrevendo artigos, foi convidado a fazer as refeições lá.

A inauguração foi com um grande peru de forno, maionese e peixe. E champanhe! E, claro, discurso de Patrocínio, que com veemência afirmou que com fome não havia talento. "É preciso que haja carvão na fornalha para que se gere vapor na caldeira!"

Os personagens...

Precisava de um casal de imigrantes portugueses pobres, recém-chegados, com uma filhinha.

Começou a desenhar os dois.

O homem... 35 anos, alto, barba cerrada, cabelos pretos caindo sobre a testa, bem forte, um touro, pescoço grosso, um Hércules, olhar tranquilo. Cavouqueiro, foi morar no cortiço para trabalhar na pedreira, lascar fogo, fazer lajeado e paralelepípedo; calça e camisa de zuarte, chinelos de couro cru, chapéu de feltro ordinário. Coloriu com aquarela, recortou, colou sobre uma base de papelão, fixou-o em pé sobre um pequeno bloco de madeira e lá estava. Um palmo de altura. Jerônimo. O nome de um operário que conheceu de fato na pedreira de Botafogo.

Jerônimo foi para um canto da mesa, esperar por seus colegas de romance.

A mulher dele... 30 anos, portuguesa forte, quase gorda, cara cheia, cabelos castanhos sempre amarrados, buço, braços rijos de lavadeira, peitos fartos, cara honesta e meio boba. Figurino: vestido simples de sarja, pano branco na cabeça. Coloriu o vestido de roxo, a pele do rosto e dos braços já bem corada do sol tropical, colou-a no papelão, firmou-a no bloco de madeira e a colocou ao lado do marido. Piedade. O nome da vizinha da casa de cômodos do Campo de Santana, uma beata que todas as manhãs ia à missa em seu vestido de "ver a Deus".

Lavadeiras... No pátio central de todo cortiço sempre havia um grande tanque com bicas. Procurou nos cadernos. Anotara o nome e as características de uma porção de lavadeiras do cortiço de Botafogo. Leandra, a Machona, portuguesa feroz, berradora, braços grossos e cabeludos; Nenen, 17 anos, franzina, fama de boa engomadeira e virgem; Augusta Carne-Mole, brasileira, branca, mulher de um soldado de polícia mulato chamado Alexandre, sempre fardado; Leocádia, portuguesa pequena e socada, fofoqueira terrível; Paula, a Bruxa, cabocla velha, rezadeira, benzia erisipela e espinha caída, dentes em ponta cortados à navalha; Marciana, mulata magra, mania de limpeza; dona Isabel, viúva de comerciante, decaída, cabelo grisalho untado de óleo de amêndoas, sempre triste e desgostosa da vida, mãe de uma moça linda, chamada Pombinha, loura, 18 anos, constrangida porque todos sabiam que ainda não menstruara e viviam perguntando e aconselhando, em voz alta:

— Então? Já veio?

— Por que não tenta os banhos de mar?

— Não vai ao médico?

— Case assim mesmo, minha filha, que a regra desce.

Passou duas tardes desenhando todas elas, colorindo, pondo de pé, e as lavadeiras deram vida ao tampo de sua mesa. Fez até Alexandre, o soldado de polícia, para Carne-Mole não se sentir solitária.

Haveria uma mulata muito bonita e sensual. Todo cortiço tinha uma, falante, requebrando, saracoteando, dançando chorados e lundus no meio da roda, mexendo os quadris, enlouquecendo os homens, irritando as mulheres. Festeira, namoradeira, irrequieta, sempre na pândega, ameaçando o casamento das outras, rejeitando marido...

— Casar para quê? Para arrumar cativeiro?

Aluísio a desenhou com a cintura muito fina, quadris largos, pernas compridas de coxas grossas, farto cabelo, crespo, reluzente, sorrindo, dentes claros. Conheceu uma baiana assim, Rita. As mulheres a invejavam:

— Mulata assanhada.

— Tira o sossego da gente.

Quando Rita ficou de pé sobre o bloco de madeira virou logo a rainha da mesa. Aluísio sentiu que o papel dela no romance seria importante e a colocou em destaque, em cima da pilha de livros.

Apaixonou-se por ela.

Rita iria namorar um negro, ou mulato. Um tipo perigoso, capoeira, mestre da navalha, inspirado em Gustavão. Aluísio não o desenhou. Ciúmes.

Havia o proprietário do cortiço, o português dono da venda ao lado, amancebado com uma negra. Aluísio os desenhou. Ele, com grandes bigodes, o olhar esperto e o corpo cheio de carnes. Ficou parecendo um salteador de estrada, bandido perigoso.

A aquarela azul-escura acabou na metade das calças de zuarte, dos joelhos para baixo. Não colou o taberneiro no papelão. Dobrou-o e enfiou no bolso. Ia levá-lo à loja de tintas para comprar um tom de azul igual.

A negra "amigada" com ele saiu gorda, abrutalhada. Formavam um casal estranho, desmazelado. Ela acabou idêntica à quitandeira e cozinheira que fornecia as refeições para os trabalhadores da pedreira de verdade. Teriam o mesmo nome: Bertoleza. Era uma escrava que trabalhava para pagar a seu dono vinte mil-réis por mês e ainda poupava para a alforria.

A seguir desenhou o representante da elite, o rico negociante português que teria uma mansão bem ao lado do cortiço. Fizera muitas anotações sobre ele, até esboços de desenhos. Era quase o mesmo personagem do pai de Magdá, em *O homem*. Em seguida, desenhou sua família. Esposa, filha histérica, um estudante agregado, escravas...

O trabalho estava indo bem, os bonecos brotavam sobre o tampo de mesa, rijos e coloridos como flores na primavera. Não eram abstrações psicológicas românticas, e sim produtos do ar e do solo.

Aluísio ainda não sabia o que eles fariam. Não importava. O Naturalismo era assim mesmo. Uma experiência científica. Iria misturá-los no tubo de ensaio do cortiço, com suas fisiologias, hereditariedades, educação, taras, sacudir bem e ver como reagiam.

20
capítulo

Não existe almoço grátis. As refeições no *Cidade do Rio* perturbavam sua rotina de trabalho. O jornal tornou-se um foco da agitação abolicionista e Aluísio era arrastado às manifestações quase diárias, sem poder recusar porque comia de graça.

A campanha foi intensa e constante. O governo perdeu o controle da situação. Comícios e protestos aconteciam à luz do dia, por toda a cidade.

Uma noite Aluísio seguiu com José do Patrocínio, Coelho Neto, Paula Nei, Pardal Mallet e Olavo Bilac até o teatro Polytheama, para um grande comício. A rua do Lavradio se encheu de grupos gritando:

— Morra o escravocrata! Morra o escravocrata!

No teatro, os discursos acalorados se sucederam. Justo na vez do sempre calmo e sóbrio Quintino Bocaiuva falar, um grande grupo de capoeiras, a mando do imperador, invadiu o Polytheama lotado e começou a pancadaria.

Navalhas reluziram, tiros estrondaram, voaram cadeiras.

A multidão aos poucos conseguiu expulsar os invasores, sempre aos gritos:

— Morra o escravocrata! Morra o escravocrata!

José do Patrocínio esgoelava-se no palco:

— Ou o governo cede à vontade do povo, ou cai!

Luta muito justa e oportuna... mas *todo dia* era demais para Aluísio. Precisava se concentrar. Estava desesperado para começar a escrever o novo romance. Tinha de continuar a definir os personagens ou perderia o fio da meada.

Patrocínio discursava diariamente no teatro Recreio. Tornou-se o abolicionista mais atuante, ardente e incansável. Com palavra fácil, eloquência desafiadora, magnetizava as multidões.

Impossível sustar a marcha triunfante do movimento de libertação dos escravos. Os próprios soldados estavam a favor. A maioria da Câmara de Deputados também. Algumas províncias até se adiantaram. O Ceará e o Amazonas já haviam libertado seus negros.

Formavam-se quilombos até junto às grandes cidades. Em São Paulo, o do Jabaquara recebia todos os dias bandos de negros fugidos da escravidão, sem que o governo pudesse impedir.

Ali mesmo, na Corte, para os lados da Gávea, em frente ao mar do Leblon, já havia um quilombo mantido pela Confederação Abolicionista.

Dom Pedro II partira para a Europa, alegando tratar da saúde, deixando a princesa Isabel como Regente, com instruções para assinar a lei pondo fim à escravidão. Ele sabia que depois da Abolição naturalmente viria a República, e é claro que não queria isso. Pensou que talvez, então, se libertasse os escravos, conquistando a simpatia do povo, conseguisse manter sua dinastia no poder...

Aluísio desistiu de isolar-se e mergulhou de cabeça no movimento, pelo qual afinal lutara a vida toda.

Acompanhou as discussões na Câmara. Um projeto de lei com tramitação urgentíssima extinguindo a escravidão venceu, subiu ao Senado e lá também foi aprovado. A terceira discussão e a votação final foram marcadas para domingo, 13 de maio. A vitória era certa e começaram-se as comemorações!

As associações abolicionistas programaram os festejos, os jornais alardearam as boas-novas, todo o povo se mobilizou.

No dia 13 de maio de 1888, a multidão cercou o Senado, as ruas em volta se encheram, lotaram o Campo de Santana em frente, aguardando o pronunciamento. Dia lindo de sol. Lenços e chapéus se agitavam no ar, janelas embandeiradas, gente nas grades do parque, nos telhados, nos galhos das árvores, às janelas, às portas, no alto dos lampiões e postes telefônicos. Olhares ansiosos para as sacadas do prédio do Senado, bondes parados formando grandes filas. Os cavalos dos soldados nem conseguiam se mexer. Multidão compacta. Canhões nos fortes e nos navios ancorados na baía de Guanabara saudavam o grande momento.

E ele chegou! A notícia correu. Discussão encerrada. Decreto aprovado!

Como um único corpo, a multidão se moveu em direção ao Paço Imperial, onde a aguardava a princesa Isabel, obrigada a descer de Petrópolis para assinar a lei. Uma muralha humana se arrastou pelas ruas, aos gritos, em delírio, e cercou o Paço!

A lei Áurea foi assinada!

Era o fim da escravidão. Fim de um crime que havia durado séculos. Não havia mais escravos no Brasil!

O estopim, aceso desde o Senado, explodiu a festa no largo do Paço!

Aluísio saiu atordoado pelas ruas. Edições extras dos jornais. Cidade em polvorosa. Bandos de negros felizes, aos gritos. Gente discursando, chorando, pulando. Negros pelas ruas, cantando, com maracás e reco-recos, violões em serenatas, carpinteiros construindo coretos às pressas, paralelepípedos arrancados para postes de ornamentações serem fincados, bandeiras, galhardetes...

Ao menos perante a lei, não havia mais brancos, negros, mulatos, índios... apenas *brasileiros*! Aluísio abraçou amigos e desconhecidos pelas ruas, todos aos prantos. Entrou e saiu de tabernas. José do Patrocínio passou carregado nos braços do povo, aos berros, discursando, sempre, venerado como ídolo.

A comemoração durou uma semana. Dias agitados para Aluísio, de festa em festa, desde as mais suntuosas, em salões de Botafogo, às mais humildes, em tabernas e cortiços.

Ao fim, perambulando trôpego de volta ao seu sótão, atravessou uma cidade que parecia ter sido bombardeada. Calçamento deslocado, pirâmides de paralelepípedos como barricadas e covas fundas como trincheiras, pilhas de sarrafos e panos sujos, restos de coretos, postes desabados, gente dormindo nas ruas.

Das janelas pendiam flâmulas e bandeirolas esquecidas, já amareladas pelo sol. Tudo apresentava um aspecto sujo.

Mas as almas estavam lavadas.

21
capítulo

Ao acordar no dia seguinte, 14 de maio de 1888, escreveu uma crônica emocionada:

> *Ontem, assisti, pela primeira vez, a uma legítima expansão popular; vi a multidão rir e chorar de prazer; vi uma raça, até então amaldiçoada, cantar em plena rua a Marselhesa da alegria, música feita de bênçãos e soluços. Defronte de mim, passou uma fila de negros e mulatos, de braço dado, enchendo toda a largura da rua do Ouvidor; entre eles havia mulheres e crianças; um preto velho, tonto de satisfação, parecia ter enlouquecido. Em cada chapéu, derreado para trás, havia uma folha brasileira; em cada olhar, um raio de vitória; em cada rosto, um fulgor cintilante de uma alma nova, nascida de repente do monturo negro da escravidão.*

Voltou a trabalhar em seu romance, desenhar mais alguns personagens, colar, pô-los de pé — e a isolar-se de verdade.

Toda a cidade, o país inteiro, agitando-se sobre o impacto da Abolição e ele ali, em outro universo, eremita convivendo dia e noite com bonecos de papelão, que àquela altura conversavam com ele, exigiam que lhes desse vida, loucos para começar a agir, contracenar, sofrer, alegrar-se, lutar pela sobrevivência, enganar-se uns aos outros, fazer sexo, subir na vida...

Porém Aluísio não conseguia começar a escrever.

Olhava para sua mesa, ia e voltava da janela, pensava, pensava... dias e dias... ali estava seu próximo romance, só faltava mover aqueles bonecos, animá-los. Já eram tão familiares... mais íntimos que seus amigos.

Aquela menininha era adorável, mas seria corrompida.

O taberneiro era um bruto detestável, sem o menor escrúpulo, capaz de *tudo* para subir na vida. Até roubar o dinheiro que sua amásia Bertoleza poupava para a alforria.

Aquele estudante era um idiota, mesmo assim teria mulheres, aprenderia rápido. Essa moça, filha do comerciante rico... Aluísio precisava tomar cuidado para não ficar idêntica a Magdá de *O homem*.

Pegou o boneco da mulata sensual. Rita era mesmo linda. Já sonhara com ela duas vezes. Era no que dava um homem solteiro de 31 anos isolar-se assim, afastar-se das cocotes tanto tempo. Ter sonhos eróticos com uma boneca de papelão... iria acabar maluco se não começasse a escrever logo o livro.

Tomou uma decisão irrevogável: começaria a escrever *O cortiço* na manhã seguinte, dia 21 de junho de 1888.

Não conseguiu.

Logo cedo Artur chegou trazendo o telegrama.

A mãe deles falecera.

Abateu-os uma tristeza enorme. Os dois choraram, consolaram-se.

Emília Amália sofria havia tempo, paralítica, lendo, costurando, presa à poltrona da varanda, cercada por suas trepadeiras floridas, cabelos ondulados muito brancos, pele leitosa, fina, quase sem rugas no rosto, as pernas inúteis apoiadas numa banqueta de ébano, olhos cheios de ternura.

Aluísio se deixou ficar na cama, olhando para o teto, arrasado, enquanto o irmão partiu às pressas para o trabalho no Ministério da Agricultura.

Nesses momentos devia ser bom ter um emprego enfadonho, burocrático, cheio de gente falando e exigindo coisas ao redor, assim o sujeito era obrigado a parar de pensar na vida. Ele não, tinha todo o maldito dia livre, fazia a sua rotina, ninguém o obrigava a nada. Precisava ter seu motor próprio. Isso às vezes era uma maldição.

Os dias pela frente seriam torturantes. Não conseguiria escrever uma linha, só pensaria na morte da mãe, na vida daquela mulher forte, rebelada, vítima do meio, que enfrentou toda uma cidade, que abandonou um marido cruel e anos depois viveu livremente com o homem que amava.

Teve medo de sucumbir à dor daquela perda. Mesmo à distância, a figura da mãe lhe transmitia força e energia para lutar. Sentiu um vazio insuportável. A solidão o aterrorizou. A cama se transformou num enorme e infinito buraco por onde despencou sem nada que o amparasse.

Tudo deixou de fazer sentido, os minutos se arrastavam, as horas não passavam, perdeu a fome, passou o dia sem comer, na cama, chorou várias vezes.

Quando a noite chegou, desesperou-se, não conseguiria dormir, temeu aquela escuridão inteira pela frente, temeu seus pensamentos, a solidão devoraria seu cérebro! Escutou passos subindo, degraus de madeira rangendo, vozes, e os amigos entraram pelo sótão adentro, Olavo Bilac, Luís Murat, Coelho Neto, Guimarães Passos, Pardal Mallet e Paula Nei. Ele desabafou:

— E além de tudo não tenho um terno preto para o luto, nem dinheiro para comprar.

Guimarães Passos acabara de chegar de Alagoas e o consolou:

— Trouxe um terno preto novo.

Foi buscar. Serviu perfeitamente em Aluísio.

Sentiu-se melhor na roupa nova. Foi com ela à rua do Ouvidor, chorou, riu, aliviou a dor com os amigos.

Afeiçoou-se ao terno novo, não o devolveu. Desfilou com ele pela rua do Ouvidor todas as noites. Três meses depois Guimarães Passos cobrou:

— Aluísio, é preciso que você alivie o luto.

Recuperou-se da morte da mãe, mas não conseguia começar a escrever *O cortiço*.

Pensava sobre o livro noite e dia, mas não alcançava o estado de espírito certo, a frase que abriria a comporta não surgia, a energia necessária para levar a tarefa até o fim vacilava, intermitente.

Ao mesmo tempo sabia que algo explodiria dentro dele porque as ideias estavam se acumulando, de uma maneira que nunca acontecera antes.

O cortiço.

Podia haver cenário melhor? Quantas cenas de costumes não poderia criar? Em cada quartinho haveria um drama, em cada cubículo uma experiência. Cortiços eram puro movimento humano, rumor de trabalho, lavadeiras de saias arregaçadas e braços nus conversando e rindo, vendedores de hortaliças na porta aos gritos, nenhum herói, velhas depenando frangos, deserdados da sorte vivendo por pura teimosia. O dia a dia medíocre, sem tramas romanescas nem ganchos nos finais dos capítulos, apenas uma sequência contínua de acontecimentos vulgares, desordem de fatos, rotina banal, pessoas se encontrando e se perdendo, mediocridade épica, formigueiro. Crianças, *muitas* crianças, correndo, gritando, chorando, velhos desamparados, doentes, gemendo, homens saindo para o trabalho, terra, lama, viveiro de larvas sensuais, paraíso de vermes, brejo de lodo quente de onde brotava a vida, fecundada pelo sol dos trópicos, monstro devorador que crescia, prosperava, destruía, matava! Festas, brigas, traições, máquina digerindo a miséria, alegrias e tristezas, maldade, bondade, falta de escrúpulos, solidariedade, caridade... Todo o universo humano em miniatura. Paraíso do escritor experimental.

Mas não se sentia capaz de escrever o livro. Por quê?

22
capítulo

Precisava pesquisar mais? Não! Já enchera cadernos e cadernos de anotações. Já escrevera até trechos completos. As impressões estavam vívidas.

Sabia de cor os parágrafos sobre o despertar do cortiço de Botafogo, escrito lá mesmo, num dos cubículos, a pena embalada pela emoção de descrever a realidade *enquanto* ela acontecia... *Eram cinco horas da manhã e o cortiço acordava, abrindo, não os olhos, mas a sua infinidade de portas e janelas alinhadas. Um acordar alegre e farto de quem dormiu de uma assentada sete horas de chumbo. [...] A roupa lavada, que ficara de véspera nos coradouros, umedecia o ar e punha-lhe um fartum acre de sabão ordinário. [...] Entretanto, das portas surgiam cabeças congestionadas de sono; ouviam-se amplos bocejos, fortes como o marulhar das ondas; pigarreava-se grosso por toda parte; começavam as xícaras a tilintar; o cheiro quente do café aquecia, suplantando todos os outros; trocavam-se de janela para janela as primeiras palavras, os bons-dias; [...].*

Bateu com a mão na testa. Isso! Não eram os personagens que acordavam. Era o cortiço que despertava!

O cortiço como uma *coisa viva*. Prosopopeia. O cortiço como o protagonista. O cortiço cheirava, escutava, via!

Uma regra naturalista de *O romance experimental* de Zola: os personagens deviam evoluir em determinado meio *para mostrar que a sucessão dos fatos será tal como exige o determinismo dos fenômenos estudados*. O cortiço era esse meio, e seu romance estudaria os mecanismos desse meio *vivo*, a fim de entender as leis que o regiam.

Cenário restrito, como as minas de *Germinal*, perfeito para experimentação, perfeito para um romance científico.

A responsabilidade o apavorava?

Talvez então fosse melhor não começar pelo cortiço... O romance não era só ele. Havia o outro lado, a mansão vizinha, onde morava o rico negociante, sua mulher adúltera e a filha histérica. O contraponto à miséria. Os bonecos dos três já estavam ali na mesa, juntos, num canto. Aluísio afastou todos os outros, trouxe os três para o centro do palco e ficou olhando para eles.

Já possuíam nomes e biografias. O comerciante era o Miranda, português, dono de uma loja de tecidos por atacado na rua do Hospício. A mulher, dona Estela, ares de nobreza, com um ano de casada já fora pega em flagrante na cama com um dos caixeiros da loja. Estavam casados havia treze anos e os casos de adultério se multiplicavam.

Por que Miranda não se separava? Porque o dote de oitenta contos com que abriu seu comércio, ainda usado para pagar dívidas, vinha da família dela. Além do mais, um escândalo abalaria seus negócios.

Dona Estela era uma das muitas esposas compradas, vendidas pelo pai, que vingava pelo adultério a vida de tédio, mundanismo e futilidade que o casamento sem amor lhe trouxera.

Pegou o casal, um boneco em cada mão. Miranda no começo contentou-se com a separação de quartos. Viviam como dois estranhos no sobrado sobre a loja da rua do Hospício, odiando-se. Como dona Estela não parava de traí-lo com caixeiros, ele decidira mudar-se para longe, por isso foram para Botafogo. Mas não sabiam que um enorme cortiço surgiria aos poucos, bem ao lado da mansão. Isso. Assim ficava bom. Situação criada e bem justificada. Naturalista. Jogaria aqueles dois lá, para ver como se desenvolviam.

Ah, ainda tinha a filha, Zulmirinha. Pegou o boneco dela. Doze anos, muito magra e pálida, sempre trancada em casa. Pintou-lhe sardas e manchas roxas no nariz, nas pálpebras e nos lábios. Tinha lido, não lembrava onde, que aqueles eram sinais de histeria, e ela teria violentas crises histéricas.

Os pais não a amavam. Dona Estela não a amava porque era filha do Miranda também. Miranda não a amava porque não sabia se era filha dele.

Pousou Zulmirinha entre os pais. Juntou a eles dois agregados: Botelho, um velho parasita, e Henrique, estudante de Medicina, que teria um caso com dona Estela; e as escravas Isaura e Leonor...

Existiriam dois protagonistas no romance, cada qual representando uma classe social: o cavouqueiro Jerônimo e o rico Miranda.

Certo. Não precisava atormentar-se com Jerônimo e o cortiço. Começaria a escrever por Miranda e sua família. Estavam bem construídos, tinham o seu cenário, suas vidas, prontos para evoluir, para serem submetidos àquela experiência. Vamos lá. Pegou o caderno, molhou a pena no tinteiro e...

...

Nada! Não saiu nada.

Levantou, fez café, foi e voltou da janela, chutou uma cadeira, releu as anotações sobre o Miranda, animou-se, molhou a pena...

...

Nada.

Então por Jerônimo, quem sabe...

Trouxe para a frente da mesa o boneco do cavouqueiro e de sua mulher, Piedade. Folheou algumas páginas do caderno sobre eles. Molhou a pena...

...

Nada.

A tarde já ia pela metade e ainda não almoçara. Não tinha fome. Desde às seis da manhã andava pra lá e pra cá naquele sótão miserável e não escrevera uma única linha. De enlouquecer. Desgraça de trabalho solitário, não havia ninguém para dar um palpite, ajudar a tomar uma decisão, *obrigá-lo* a alguma coisa.

Cadernos e bonecos atravancando toda a mesa. Coisa de maluco. Teve vontade de levar tudo para o quintal e fazer uma fogueira.

Sentiu medo de fazer isso, destruir tudo, vestiu-se e saiu. Entrou na primeira taberna que encontrou, pediu um prato de tremoços, pão e salame.

Lugar sujo e obscuro. Confuso, perdido, distante, comeu e bebeu, sem gosto, amargurado. Tanto trabalho, tantos sonhos, tantos anos de pesquisa, e não *conseguia...* era desesperador.

Terminou de comer. Procurou nos bolsos o dinheiro para pagar. Acabou encontrando, num deles, um papel dobrado, um desenho. O taberneiro.

Esticou o desenho sobre a mesa. Ele o havia colocado no bolso para ir à loja de tintas, comprar uma aquarela de um tom de azul igual, para terminar de pintar-lhe as calças de zuarte. O personagem, ainda sem nome, pareceu também encarar Aluísio, os dois olhos fixos, vivos, sobre o vasto bigode.

Um personagem olhando seu autor, querendo lhe dizer alguma coisa, começar logo a viver.

Nesse instante o taberneiro *real* veio cobrar a conta. Também português, também com um vasto bigode, olhou para o desenho e riu:

— Olha que está a parecer comigo.

— Como é o seu nome?

— João.

Aluísio teve uma vertigem. Não conseguia tirar os olhos do desenho do taberneiro. Ele era o *elo*! O *dono* do cortiço. Seria dono da *pedreira* também! Ficaria rico como Miranda. Um vencedor sem escrúpulos que ascenderia socialmente, enganando, roubando, determinado por sua origem, pelo sistema econômico e social em que vivia, pela ambição desmedida, esperteza, exploração... Usaria a força de trabalho de sua amante Bertoleza e depois a descartaria sem dó, da maneira mais vil.

Um homem submetido às leis do meio. Um imigrante disposto a tudo para sair da miséria. Em torno dele tudo iria girar. A alma do romance. Conquistador que ampliará seus domínios por todo o livro como um imperador romano.

João *Romano*!

Melhor, João *Romão*, mais sonoro.

Conquistará até o protagonismo do romance!

João Romão ali sobre a mesa, olhando seu autor fixamente. Foi como se o desenho piscasse o olho para Aluísio e dissesse:

— E então, gajo? Vamos lá com isso ou não? Não temos a vida inteira, ora pois! Hei de lhe mostrar se tenho ou não o que fazer no seu romance. Dê-me o papel principal que eu me viro. Às favas com Jerônimo e Miranda! Só lhe digo é que muito mal se sairá quem quiser meter-se cá com a minha vida.

Aluísio jogou as moedas sobre a mesa e saiu às pressas. Caminhou a passos largos, quase correndo, um naturalista completamente alheio à realidade, quase foi atropelado por um tílburi. Apertava João Romão no bolso. Subiu as escadas de dois em dois degraus, abriu a porta do sótão, sentou, tirou João Romão do bolso, esticou-o sobre a mesa, pegou uma folha em branco, molhou a pena na tinta... e a coisa saiu, como se o desenho ditasse...

> *João Romão foi, dos treze aos vinte e cinco anos, empregado de um vendeiro que enriqueceu entre as quatro paredes de uma suja e obscura taverna nos refolhos do bairro de Botafogo; e tanto economizou do pouco que ganhara nessa dúzia de anos, que, ao retirar-se o patrão para a terra, lhe deixou, em pagamento de ordenados vencidos, nem só a venda com o que estava dentro, como ainda um conto e quinhentos em dinheiro.*

POSFÁCIO

Haroldo Sereza

Muita gente acha que os livros são resultado da "genialidade" de algumas poucas pessoas: um escritor ou escritora, num canto escuro, tem uma inspiração e, desse momento, surge um poema, um conto, um romance. Quanto mais inspirado o artista, e mais soturno o ambiente, mais a obra vai encantar.

Essa ideia, claro, não corresponde à história da maior parte do que foi escrito pela humanidade: geralmente, os livros são resultado de reflexão, trabalho, pesquisa e muita conversa. O que se chama de "inspiração" talvez seja a soma de tudo isso.

Nesse sentido, a vida de Aluísio Azevedo, autor de *O cortiço*, é exemplar. Como você pôde notar neste livro de Ivan Jaf, que faz uma espécie de biografia ficcionalizada, ou romanceada, do escritor, Aluísio correspondia muito pouco a essa visão do "grande gênio". Foi, ao contrário, alguém que viveu uma vida de razoável dificuldade, tentando se manter com o que escrevia, enquanto produzia uma obra que, apesar de muita resistência da crítica, completa 130 anos de permanência no gosto literário de muita gente.

O cortiço é um dos romances mais populares da literatura brasileira, daqueles que sobrevivem na memória anos depois de sua leitura, comumente realizada no fim do ensino médio. Hoje leitura sugerida, inclusive para vestibulares, já foi obra proibida, censurada por manuais de literatura que queriam poupar os leitores jovens da sensualidade de seus personagens e da violência de suas cenas.

O que os censores não falavam, embora seja possível perceber nas entrelinhas de suas críticas, é que havia também uma reprovação ao fato de esse romance e outras obras de Aluísio tratarem da vida dos excluídos: trabalhadores e trabalhadoras, prostitutas, "malandros", escravizados, migrantes, doentes, etc.

Mercado no Rio de Janeiro no século XIX.

Aluísio não estava sozinho. Fazia parte de uma "grande turma". No Brasil, sua trajetória de escritor foi construída com o apoio de seu irmão Artur Azevedo, um autor de peças teatrais e assíduo colaborador de jornais, com artigos e poemas, e de amigos que queriam, como ele, ser reconhecidos como escritores não só pelos críticos e companheiros de imprensa, mas também pelo maior número possível de leitores.

Apesar de a população brasileira ser então pouco alfabetizada, Aluísio escreveu numa época em que o livro, como mercadoria, começou a se popularizar no país. Além de muitos jornais, também chamados de "folhas", que defendiam as mais diferentes posições políticas, o consumo de livros se ampliou, surgindo edições mais baratas e em maior tiragem, reduzindo o preço para o consumidor. Havia ainda o teatro (a primeira sessão de cinema ocorreria em Paris apenas em 1895), que adaptava, nem sempre de modo muito fidedigno, os romances de maior sucesso. E era comum que uma pessoa que soubesse ler o fizesse em voz alta para o seu círculo de amigos ou familiares, rompendo as barreiras que separavam os letrados dos não letrados.

Dessa forma, um livro tinha uma intensa vida social e podia, dependendo de seu sucesso, marcar profundamente as conversas do dia a dia. Aluísio talvez tenha sido o escritor brasileiro que mais compreendeu esse processo em sua época, e fez uso amplo, desde o início de sua carreira, de polêmicas sobre o que escrevia e de recursos de publicidade para promover suas obras.

No entanto, Aluísio, com seus livros e folhetins (os romances saíam, muitas vezes, em capítulos no jornal antes de ganharem uma edição final), fazia parte de uma turma ainda maior: o chamado Naturalismo.

O Naturalismo foi uma tendência literária de força mundial, com centro, inicialmente, na França. Os primeiros escritores populares dessa tendência foram os irmãos Edmond e Jules de Gouncourt, que produziram, a partir de 1851, muitos romances a quatro mãos, sendo o de maior sucesso *Germinie Lacerteux*, de 1865. Até hoje, o principal prêmio literário francês se chama Gouncourt, em homenagem a esses irmãos. Depois deles, surgiu Émile Zola, que publicou um livro de contos em 1865 e, a partir de 1870, a série de romances que faria dele o escritor mais conhecido de sua época em boa parte do planeta, os vinte livros que narram a vida de uma família, os Rougon-Macquart.

O sétimo romance dessa série, traduzido como *A taverna* em português (*L'Assomoir* no original), de 1876, fez do Naturalismo um fenômeno de popularidade. Os livros de Zola passaram a ser vendidos na ordem de centenas de milhares de exemplares e foram exportados para o mundo todo, onde leitores de língua francesa, a mais conhecida pelas elites de diversos países, os consumiam com avidez. Os jornais passaram também a dar notícias e mais notícias sobre Zola, e não foi diferente no Brasil. O autor e seus personagens fizeram tanto sucesso que é possível encontrar, nos jornais brasileiros dos anos 1880, anúncios que os associam ao comércio de produtos populares.

O sucesso de Zola fez com que o Naturalismo, na época também chamado de Realismo, servisse de modelo para escritores dos mais diferentes lugares. Em Portugal, Eça de Queiroz escreveu, já no começo dos anos 1870, livros inspirados pelo naturalismo de Zola: *O crime do padre Amaro* foi o primeiro, seguido de *O primo Basílio*. Depois, o Naturalismo chegou a países que acompanhavam de perto o que se fazia na França: Brasil e Espanha, por exemplo. Mas praticamente toda a literatura mundial sofreu sua influência: há escritores naturalistas inspirados em Zola nos mais diversos países, como México, Estados Unidos, Dinamarca, Argentina, Itália, etc. No século XX, houve movimentos autodenominados naturalistas (claro que já com alguma distância do que fazia Zola no século XIX) até no Japão e na Coreia.

Aluísio, que publicou *O mulato* em 1881, seu primeiro romance considerado naturalista, passou a fazer parte desse projeto. Empenhou-

-se apaixonadamente nessa ideia e fez o que pôde para ser lido como o maior naturalista brasileiro. Porém, fez isso "negociando" com o gosto do leitor da época – e o livro que você acabou de ler mostra esse fato muito bem. Aluísio dominava os diferentes "pactos de leitura", uma espécie de acordo secreto que existe e que é firmado ao longo de qualquer texto entre escritor e leitor, conversando com diferentes públicos. Alguns romances seus, hoje menos conhecidos, como *Filomena Borges* (1884) e *Girândola de Amores* (1882), fugiam do projeto de "romance experimental" proposto por Zola. Mas mesmo esses livros não eram mais literatura puramente romântica; já traziam, de alguma forma e em diferentes profundidades, críticas a escritores e leitores românticos, como que ajudando a fortalecer o projeto literário que realmente o empolgava: o Naturalismo.

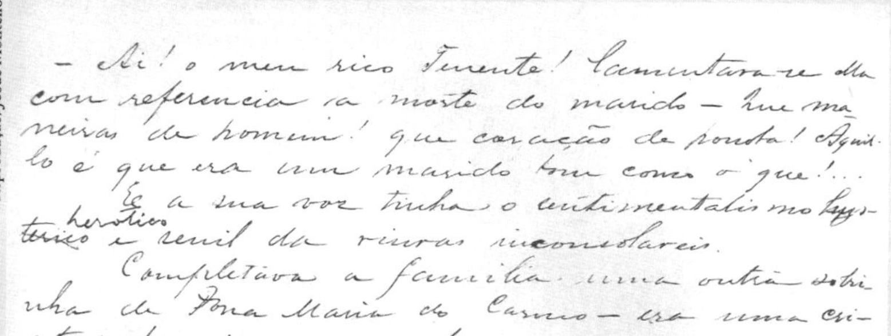
— Ai! o meu rico Tenente! Lamentava-se ella com referencia á morte do marido — Que maneiras de homem! que coração de pomba! Aquillo é que era um marido bom como o quê!...
E a sua voz tinha o sentimentalismo heroico e senil das viuvas inconsolaveis.
Completava a familia uma outra sobrinha de Dona Maria do Carmo — era uma criaturinha summamente magra e nervosa, nariz muito afilado, grande e sempre gelado, mãos ossudas e frias, uma humidade incommoda nas palmas, olhos sensuaes e dentes podres.
Era detestavel e os rapazes do Commercio chamaram-na — Lagartixa. Etelvina [illegible] muito romantica — prezava a sua cor cadavericamente pallida; suspirava de cinco em

Página manuscrita dos originais definitivos de *O mulato*.

Chamo ainda a atenção do leitor para o fato de que Aluísio escreveu sua obra mais ou menos na mesma época em que Machado de Assis escreveu seus romances mais conhecidos (*Memórias Póstumas de Brás Cubas* é de 1881, *Quincas Borba* é de 1891 e *Dom Casmurro*, de 1899). Se a gente deixar de lado um pouco a ideia de que eles estavam respondendo ao fim do Romantismo e pensarmos que estavam, também, dialogando um com o outro, ainda que raramente de forma explícita, podemos ver essa literatura do final do século XIX numa outra perspectiva: dois projetos literários concorrentes, muito diferentes entre si, disputando o gosto dos leitores e dos críticos. De alguma maneira, são dois projetos vencedores: o de Machado é o preferido dos críticos especializados, o de Aluísio, mais popular na massa dos leitores.

Ou seja: o final do século XIX foi uma época interessantíssima para o romance brasileiro, com reflexos que se fazem sentir ainda hoje na produção literária e cultural do país. E mergulhar nesse universo só ajuda a gostarmos desses escritos, que nos levam a outras realidades e a outro tempo como só a literatura pode fazer.